김종일의
알기쉬운 헌법수업
1교시

어떻게 하면 헌법을 보다 쉽게 이해할 수 있을까?

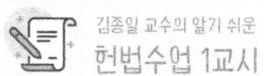
김종일 교수의 알기 쉬운
헌법수업 1교시

김종일의 알기쉬운 헌법수업 1교시

머리말

　헌법과목 첫 시간에 무엇을 어떻게 설명해야 할지 생각하면 암담하기 짝이 없다. 전체적인 개관 설명으로 헌법총론, 기본권론, 통치구조론, 다시 헌법총론에는 헌법이 무엇인지, 왜 필요한지, 어떻게 만들어졌는지, 어떻게 개정되는지 등 어쩌고 저쩌고~ 벌써부터 학생들의 탄식 소리가 들리기 시작한다. 또 첫 단추를 잘못 꿰었나?

　필자는 대학에 들어온 신입생에게 헌법총론을 어떻게 설명해야 할지 난감할 때가 많았다. 일단 법학은 법률용어가 많은데 헌법은 한자부터 간단하지 않다. 많은 한자를 알기 쉬운 우리말로 바꾸었다고 하지만 여전히 한자의 의미를 알아야 이해하는데 도움이 되는 용어들이 여전히 많은 것도 사실이다. 그리고 제 자신이 사실 아는 것도 많지 않지만, 그 알량한 지식을 어디까지 얼마 만큼을 전달해야 할지도 걱정이다.

　본 교재의 출간 목적을 말하기 전에, 먼저 자기 고백(?) 혹은 반성을 해야 할 것 같다. 강의를 하는 제 자신을 돌이켜보면 설명이 길고 장황하다 보니 학생들이 처음에는 설명을 이해하는 것 같았는데 나중에는 오히려 용어의 개념을 어려워하는 인상을 접하게 된다.

내가 좋아하는 평양냉면을 잘하는 음식점에 붙은 글귀가 나를 때린다. "대미필담(大味必淡)"이라고 적혀있다. "좋은 맛에는 반드시 담백함이 있다" 또는 "담백함을 갖추어야 좋은 맛이다"라고 해석할 수 있겠다. 아무리 좋은 책이라도 더욱이 그것이 어려운 교과목을 이해하는데 필요한 기본 서적이라고 하면, 많은 양을 담는 것보다는 알아야 할 핵심적인 것을 먼저 정리해 주는 것이 필요하다고 느꼈다. 그리고 가급적 단순하고 깔끔하게 정리해 주는 것이 좋겠다는 것이 내 생각이었다. 비록 수학교과서처럼 명확히 계산해서 딱 떨어져 나오는 답은 아니지만, 될 수 있다면 초학자들에게 논의의 범위를 줄이고 용어에 대한 구분을 짓게 하려는 것이 본 교재의 집필 목적이었다.

또한 학생들이 헌법을 쉽게 이해하고 접근할 수 있도록 '옛날 옛적에 개구리마을에는…' 이야기 아닌 이야기를 만들어 보았다. 괜한 짓을 한 것은 아닌지 걱정이 앞선다.

결론적으로 애초에 마음에 두었던 목표인 첫째, 수업을 듣기 위해 학교 오는 길인 버스에서, 지하철에서 쉽게 꺼내서 부담 없이 (?) 볼 수 있게 하는 편집과 책의 크기였으면 좋겠다. 둘째, 법학과목으로서 수험과목으로서의 헌법을 어떻게 하면 딱딱하지 않게 접근하면서 수험에 필요한 최소한을 넣을 수 있을까? 였는데 만족할 만큼 달성되지는 못한 것 같다.

여전히 부족하고 미진하다. 이는 온전히 필자의 역량 부족 탓이다. 본 교재의 취지에 맞게 머리말도 이 정도로 대신하면서 이 자리를 빌어 감사의 말씀을 올리는 것으로 마무리하고자 한다.

먼저 한 학기 제 헌법총론 수업을 들은 오산대학교 경찰행정학과 학생들에게 감사한 마음을 전한다. 아마도 학생들의 수업에 대한 열정이 없었다면 본 교재는 나오지 않았을 것이다. 그리고 어려운 출판 환경에서도 하늘에 붕 떠 있는 나의 집필 목적과 방향을 땅으로 끌어내려 안착하게 한 나의 오랜 벗인 도서출판 훈민정음 최재준 대표와 직원분들께 감사의 마음을 전한다.

청학관에서 김종일 드림

본서의 특징

1. '법서 아닌 법서'를 목적으로 하였다.

카페에서 '따뜻한 아이스 아메리카노(?)'를 주문하는 것처럼, 될 것 같지 않은 '법서 아닌 법서'를 목적으로 하였다. 너무 어렵고 딱딱하고 재미없는 법학과목을 학생들에게 조금은 편한 느낌으로 법학을 접근하게 하고자 하였다.

그래서 본서의 1편에서는 헌법 과목에서 필요한 국가, 주권, 법단계설, 국민주권, 권력분립, 인권, 기본권, 유보, 법률유보, 위임, 기본권의 제한, 효력, 기본권의 대국가적 효력, 기본권의 대사인적 효력, 기본권의 보호영역, 소원, 헌법소원, 위헌법률심판 등의 용어들에 대해 이야기 형식으로 설명하고자 하였다.

이러한 기본 개념을 토대로 2편에서는 헌법입문에 필요한 내용 헌법기초이론과 헌정사, 대한민국 헌법의 기본원리와 제도에 대해서 교과서 형식으로 서술하였다.

2. 두꺼운 법학 교과서 아닌 가볍게 들고 다니면서 읽을 수 있는 핸드북 사이즈로 기획하였다.

지금의 법학 관련 교과서는 학생들이 작정하고 독서실이나 고시반에서 독서대를 세워 놓고 읽겠다는 일념이 없으면 그 두께로 인하여 여간 읽기가 쉽지 않다. 1시간 이상 버스나 지하철을 이용하여 통학하는 학생들에게 조금은 쉽게 읽힐 수 있는 내용으로 가볍게 페이지를 열면 좋겠다고 생각하였다. 그래서 한손에 잡힐 수 있도록 책의 크기를 소형화하였다.

목차

01 이런 상상을 해보면 어떨까요? _ 11
(옛날 옛적에 개구리마을에서 일어난 일을~)

국가와 헌법 _ 13
주권, 왕, 왕권신수설, 국민주권, 주권재민 _ 15
권력분립 _ 17
법단계설 _ 18
인권, 자연권, 천부인권, 기본권 _ 18
권리, 소권, 구체적 권리 _ 21
유보, 기본권 제한, 법률유보, 위임 _ 23
기본권의 보호영역 _ 26
효력, 대국가적 효력, 대사인적 효력 _ 28
소원, 헌법소원, 위헌법률심판 _ 29

02 헌법총론 _ 35

제1장 헌법기초이론 _ 37

제1절 헌법의 개념 _ 37
  제1항 헌법의 개념과 분류 _ 37
  제2항 헌법의 특성 _ 44
  제3항 헌법의 해석 _ 48

제2절 헌법의 제정·개정 및 헌법의 보호 _ 54
  제1항 헌법의 제정 _ 54
  제2항 헌법의 개정 _ 58
  제3항 헌법의 변천 _ 64
  제4항 헌법의 수호 _ 67

제2장 대한민국헌법의 역사 _ 74

제1절 대한민국 헌정사 _ 74
제1항 헌정사 개관 _ 74
제2항 헌정사 주요 내용 _ 87

제2절 대한민국의 국가형태와 구성요소 _ 91
제1항 대한민국의 국가형태 _ 91
제2항 국가의 구성요소 _ 92

제3장 대한민국헌법의 기본 원리와 제도 _ 110

제1절 대한민국헌법의 기본원리 _ 110
제1항 헌법전문 _ 111
제2항 국민주권의 원리 _ 116
제3항 민주주의원리 _ 120
제4항 법치주의원리 _ 124
제5항 사회국가원리 _ 132
제6항 경제적 기본질서 _ 135
제7항 문화국가원리 _ 139
제8항 국제평화주의 _ 140

제2절 대한민국헌법의 기본제도 _ 146
제1항 제도적 보장 _ 146
제2항 정당제도 _ 148
제3항 선거제도 _ 163
제4항 공무원제도 _ 180
제5항 지방자치제도 _ 183
제6항 교육제도 _ 189
제7항 군사제도 _ 193
보충 내용: 헌법재판제도 _ 194

부록 대한민국 헌법 _ 221

01

이런 상상을
해보면 어떨까요?

옛날 옛적에 개구리마을에서 일어난 일을~

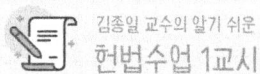

김종일 교수의 알기 쉬운
헌법수업 1교시

이런 상상을 해보면 어떨까요?

옛날 옛적에 개구리마을에서 일어난 일을~

국가와 헌법

　옛날 옛적에 그럭저럭 살아가는 개구리마을이 있었다. 하지만 강한 자가 약한 자를 괴롭히고 잡아먹는 약육강식의 자연의 세계처럼 개구리마을에도 옆 동네에서 사는 두꺼비가 종종 다수의 참개구리를 괴롭히고 잡아먹는 사태가 일어나고 연못가에 사는 물뱀도 호시탐탐 개구리들을 노리고 있는 상황이었다.

　처음에는 개구리들이 떼로 덤벼들어 두꺼비나 물뱀을 용케도 운이 좋아서 한번은 물리칠 수 있었겠지만 모든 개구리들이 각자의 생업을 접어두고 매번 여기에다 모든 것을 쏟아 부을 수는 없었다. 상황이 이렇게 되자 개구리마을의 사람들은 아니 개구리들은 좀 더 살기 좋고 평화로운 개구리마을이 되기 위해서 전체 개구리회의를 열어 이 사태를 논의하기 시작하였다.

개구리들이 싸워야 하는 적은 일개 개구리보다 훨씬 센 두꺼비나 물뱀이기 때문에 한 마리 개구리 차원의 대응이 아닌 강력한 힘을 가진 누군가가 필요했다.

그러는 중에 옆 동네에 청학이라는 푸른 학이 있는데 두꺼비를 기가 막히게 잡는다고 하는 풍문이 돌았다. 그래서 그 청학에게 두꺼비를 잡아달라고 하고 청학이 원하는 것을 들어주자는 의견이 나왔다. 청학이 만약 우리와의 약속을 어기면 그 다음은 어떡하냐라는 의견도 있었지만 당장 참개구리들이 잡혀 먹는 것을 막기 위해서는 우선은 청학과 협상을 시도하는 게 급선무였다.

이렇게 해서 개구리마을을 대표하는 대표개구리 왕눈이와 청학이 담판을 시작하게 된다. 왕눈이는 청학에게 자신들을 지켜주는 댓가로 청학이 좋아하는 민물새우를 100마리를 잡아주겠다고 했고 청학은 이 협상에 응하겠다고 했다.

즉 청학은 개구리마을의 개구리들을 잡아먹는 두꺼비나 물뱀의 접근을 방지하고 개구리마을은 그 댓가로 민물새우 100마리를 잡아주기로 한 것이다.

이때 개구리대표인 왕눈이는 나중에 청학이 민물새우 200마리를 요구할 수도 있으니 청학과의 약속을 문서로 남기기로 하였다.

이러한 문서에는 청학이 개구리마을을 위해서 어떻게 애쓰겠다고 하는 내용과 특히 인권 아니 개구리의 생명과 권리를 보호하겠다는 개구리권을 보장하겠다는 내용도 포함되어 있었다. 또한 개구리들은 자신들의 생명과 재산 등을 지키기 위해서 절대권력자인 청학의 명령과 지시에 따르기로 약속하였다.

지금까지의 스토리가 청학이라는 국가(권력)이 발생하는 과정이었다.

한마디로 얘기하면 개구리 자신들의 생명과 재산 등을 방어하기 위해서는 자신보다 훨씬 힘센 권력자가 필요했고 청학이 바로 그 절대권력자였다.

그리고 개구리마을 대표와 청학이 약속하고 합의한 문서에는 어떻게 개구리마을을 운영할지, 개구리권을 어떻게 보장할지, 청학과 개구리와의 관계를 어떻게 설정할지 등에 대해서 쓰여져 있는데 이것이 바로 헌법인 것이다.

주권, 왕(군주), 왕권신수설, 국민주권, 주권재민

국가에서 일어나는 중요한 일들을 최종적으로 결정하는 권한인 주권은 누가 가질까? 지금이야 국민 아니 개구리들이라고 말할 수 있겠지만 이전에도 그랬을까? 우리가 당장 TV에서 나오는 사극만 보더라도 왕, 귀족 들이 그러한 권력을 가졌을 것이고 왕권 강화니 귀족의 권한을 강화해야 하느니 하고 서로 대립하는 것을 볼 수 있다.

그렇다면 옛날 옛적에는 왕이 그 권한을 가졌을 것이고 그 권한의 일부를 귀족이 조금 가졌을 것이고 일반 서민인 백성 즉 국민은 권한이 없었을 것이다. 그저 왕이 하사하는 혹은 왕이 은혜롭게 배푸는 것을 받는 것에 불과하고 자기의 것을 주장하지는 못했을 것이다.

왕이 주권을 신으로부터 부여받은 것이라고 하는 주장인, 왕권신수설은 왕이 이러한 권한을 가진 것을 정당화하기 위해 나오게 되었다.

다시 개구리마을로 돌아가보면,

국가최고권한인 주권은 아마도 개구리마을의 왕이라 부를 수 있는 청학이 가졌을 것이다.

처음에는 청학도 개구리마을에 입성해서 열심히 개구리대표 왕눈이와의 약속대로 잘 했다. 하지만 청학이 갈수록 욕심을 부려 민물새우 200마리를 요구하기도 하고 자기의 동료인 왜가리나 가마우치 등을 핵심자리에 앉히고 급기야 개구리를 잡아먹는 것을 눈감아주는 상황에 이르게 되자, 더 이상 개구리들은 이를 볼 수가 없어 청학을 내쫓기로 마음먹게 된다.

하지만 청학을 내쫓기까지에는 그들은 자기가 갖고 있는 권력을 내놓지 않기 위해 격렬히 저항했고 그 사이에 많은 개구리들이 청학과 왜가리, 가마우치에 잡혀먹는 참상이 벌어졌다.

개구리들의 사투에 마침내 청학과 그 무리들은 떠나게 되고 드디어 개구리들이 그 마을을 실제로 다스리게 되었고, 이제 그들이 진정한 개구리마을의 주인이 되었다.

결국 주권이 청학에서 개구리들에게로 이전되어 개구리들이 그 권한을 가지게 된 것이다. 이것이 주권재민(主權在民) 아니 주권재와(主權在蛙)인 것이다.

권력분립

모든 것이 그렇겠지만 처음에는 개구리마을에 온 청학도 열심히(?) 일하였다. 개구리마을 앞에 있는 연못에 일몰 이후에는 물뱀이 출현할 수 있으니 연못에 가까이 가는 것을 금지했고, 이를 어긴 개구리들은 일정기간 수영을 못하게 하는 등의 제재를 가해서 질서를 유지하도록 했다.

여기서 일몰 이후에 물뱀이 출현할 수 있으니 연못에 가까이 가는 것을 금지하는 것을 모든 개구리가 알 수 있도록 문서화해서 이를 지키도록 했는데 이것이 바로 법을 만드는(제정하는) '입법'이라 하겠다.

이러한 법에 따라서 이를 어긴 개구리들에게 일정한 조치 즉 제제를 가하는 것이 바로 법에 따른 '집행'이고 이것이 '행정'이라 하겠다. 이러한 집행에 이의를 제기하고 그 집행이 잘못되었다고 하면서 자기는 억울하다고 따지는 것에 누구말이 정당한지 판단해 주는 것이 바로 사법작용, 재판이라 할 수 있다.

이렇게 국가도 해야 할 일이 하나로 통째로 있는 것이 아니라 각 영역으로 나뉘어져 있고, 각 영역은 그것을 잘하는 이에게 맡기고 서로 서로 잘하고 있는지 체크도 할 필요가 있다. 그것이 '권력분립'인 것이다.

다시 말해 개구리들이 생활하면서 지켜야 할 규칙을 만드는 것을 잘하는 이에게는 '입법'기능을, 그 규칙대로 잘 따라서 일정한 조치를 취하는 것을 잘하는 이에게는 '행정'기능을, 규칙대로 잘 따라 했는지 아닌지를 따져 보는 것을 잘하는 이에게는 '사법'기능을 맡기는 것이다.

법단계설

　법에는 서로 간에 위계질서가 있어서 즉 상위법과 하위법이 있다는 것이 법단계이고 이러한 주장을 법단계설이라고 한다. 법이 여러 개가 있는 경우 국민이 어떠한 것을 적용받아야 하는 지 혹은 법끼리 서로 충돌하는 경우 어떻게 해결할 지 등 혼란이 생기는 것을 막기 위해서는 법의 세계에서도 질서가 필요하고 그러기 위해서는 법 간에 우열이 있을 필요가 있다.

　그러면 법 중에서 가장 센 즉 최고 높은 위치에 있는 법은 무엇일까? 적어도 한 국가 내에서 가장 센 법은 '헌법'이라고 할 수 있다. 그 다음은 국민의 대표기관인 국회에서 제정한 '법률'이다. 국회가 모든 사항을 법률로 규정하는 것은 불가능하기 때문에 실제로 법률을 집행하는 행정부(공무원)가 보다 세부적인 사항을 정할 필요성도 있어서 행정부처가 제정한 것이 '명령'이다. 명령은 제정하는 주체에 따라 대통령령, 총리가 제정하면 총리령, 각 부처가 제정하면 부령(예를들어, 보건복지부령, 법무부령)이다.

　그 다음은 자치법규 즉 지방자치단체가 법령의 범위 안에서 제정하는 법규를 말하는데, 여기에는 지방의회가 제정한 '조례', 지방자치단체 장이 정하는 '규칙'이 있다.

인권, 자연권, 천부인권, 기본권

　인권을 간단히 말하면 인간의 권리이다. 하지만 이것은 우리가 이미 알고 있는 '권리'하고는 좀 더 다른 차원의 권리인 것처럼 보인다. 우리가 알고 있는 권리라 함은 법률에 규정되어 있어서 누군가가 누군가에게 일정한 행위 등을 요구할 수 있는 힘이고, 이러한 주장을 하기 위해서는 계약서 등과 같은 문서나 일정한 요건을 갖추었음을 법정에서 주장해야 한다.

하지만 인권은 그야말로 모든 사람이 인간이라는 사실만으로 갖는 권리이다. 따라서 별도의 문서나 입증요건이 필요하지 않다.

그런데 헌법에서는 '인권'과 동의어로서 '기본권'이란 말을 쓴다. 인권과 기본권은 어떻게 다른 걸까?

잠시 다시 우리는 개구리마을로 돌아가보자. 처음에는 청학이 개구리대표와 약속한대로 그 약속을 잘 지켰지만 갈수록 청학의 횡포가 심해지고 급기야 개구리를 잡아먹는 사태가 일어나 개구리들이 피흘리며 주권을 쟁취해가는 상황을 보았다.

여기서 원래 청학의 역할은 물뱀이나 두꺼비 등에게서 개구리들을 지켜주어야 하는 것이 그 임무인데, 오히려 청학이 개구리들을 잡아먹기 시작한 것이다. 상황이 이렇게 되자 개구리들은 청학을 상대로 반격을 가하기 시작하는데 청학에게 더 이상 개구리들을 잡아먹지 말 것을 요구하기에 이른다. 즉 개구리들이 국가권력인 청학에게 일정한 행위를 요구할 수 있는 권리를 갖는 것이다.

개구리들은 청학에게 이렇게 말했다.

"청학아, 네가, 우리 마을에 오기도 전에(국가가 만들어지기 이전에) 우리 개구리들은 자연상태에서 개구리로 태어나면서부터 우리는 개구리권(인권)을 가졌고, 이러한 권리는 청학 네가 뺏을 수 없다."

"그리고 우리 개구리들은 청학, 네게 이러한 개구리권(인권)을 보호하라고 너와 거래(계약)을 한 것인데, 네가 오히려 우리 개구리권을 침해하니 우리는 더 이상 가만히 있을 수 없다."

다시 말해, 개구리들은 태어나서부터 고유한 개구리권을 가지고 있으며, 이러한 권리를 보호하기 위하여 청학과 거래를 한 것이라는 것이다.(사회계약설)

기본권은 '국가에 의해' 또는 '헌법에 의해' 보장되는 권리를 말하는데, 이처럼 기본권은 국가가 인정하는 국민으로서의 권리인 점에서 '인간으로서 태어날 때부터 가지는' 인권과는 개념적으로 보면 구별된다고 볼 수 있다.

하지만 사람은 태어나면서 한 국가의 구성원인 국민이기 이전에 한 사람의 인간이기도 하다. 이처럼 일반적으로 사람은 인간으로서 그리고 국민으로서의 지위를 갖고 있으며, 인간으로서 갖는 권리인 인권을 그 자신이 속한 국가 내에서도 보장되어야 한다고 믿고 있다. 즉 인권을 실현하기 위해 국가설계도라 할 수 있는 헌법에 써 놓은 것이 기본권이라 할 수 있다.

즉 기본권은 인간으로서 출생과 더불어 가지는 당연한 권리인 인권을 재확인한 것으로 개인(국민)의 자유는 인간의 속성에서 유래하는 것으로 국가 성립 이전인 자연상태에서도 향유하고 있었다.

예를 들어, 우리 헌법 제10조에 '모든 국민은 인간으로서 존엄과 가치를 가지며…'라고 쓰여 있다면, 대한민국 국민이기 이전에 한 인간으로서 갖는 인권을 그 자신이 속한 국가 내에서도 보장될 수 있도록 헌법 제10조에 규정해 놓은 것이라고 할 수 있다.

요컨대 인권은 인간으로 태어나면서 누구나 당연히 가지는 권리이고, 그래서 하늘로부터 부여받은 권리인 천부인권이라고도 한다. 이러한 권리는 국가가 만들어지기 이전인 자연 상태에서 가졌던 권리인 자연권이며, 그러기 때문에 그 이후에 만들어진 국가는 이것을 침해할 수 없다고 하는 것이다.

자연권, 천부인권이라는 용어는 국가나 헌법이 인권을 보호해주지 못했던 상황(제2차 세계대전, 나찌의 유대인 학살 등)에서 폭력적인 국가권력에 대응하기 위해서 언급된 것임을 생각하면 이해하기 쉽다.

권리, 소권, 기본권, 구체적 권리

우리는 법학개론이라고 하는 수업에서 '권리'란 '일정한 이익을 누리기 위하여 법이 인정하는 힘'이라고 배웠다.

그렇다면 소권이란 무엇인가?

글쓴이가 계속 개구리마을 얘기만 해서 개구리권에 익숙해져 있을지도 모르겠다. 최근에 동물권에 대한 관심이 많아지기 했지만, 소권이 그럼 소의 권리이냐, 글쓴이가 말하려는 것은 동물권으로서의 음메하고 우는 소(牛)의 권리가 아니라, 쉽게 말해서 소송을 통해 권리 구제를 할 수 있느냐, 없느냐 하는 소권(訴權)을 의미한다.

예를 들어, 내가 계약을 통해 대가를 지불하고 그 물건을 샀다면 그 물건을 사용하고 수익하며 처분도 할 수 있는 것이다. 이러한 이익을 어떠한 이유로 누리지 못하게 되면 법은 그 이익을 누릴 수 있도록 일정한 힘을 부여한다.

만약 어떠한 이유로 이러한 권리를 누리지 못한다면 우리는 먼저 그러한 권리가 정말 본인에게 있는지 검토해야 한다. 가장 보편적인 방법은 재판을 통해 즉 법원을 통해서 확인하는 것이다.

즉 나의 이익이 침해되었을 때에는 소송을 통하여 구체적인 행위를 요구할 수 있어야 한다. 즉 국가에 재판을 요구할 있어야 한다. 이것이 소권이다.

요컨대 내가 가진 권리가 침해되었을 때에는, 소송을 통해서 먼저 내게 그러한 권리가 있는지 없는지, 그리고 그러한 권리에 기해서 내가 상대방에게 일정한 행위를 요구할 수 있는지 없는지를 물을 수 있어야 한다.

헌법에서 인정하는 권리인 기본권은 국가에 대하여 일정한 행위(부작위, 작위)를 요구할 수 있는 권리인데, 그렇다면 과연 헌법상의 기본권을 누리지 못하는 상황일 때면 언제나 국민은 기본권에 기해서 국가를 상대로 소송을 할 수 있을까?

국가의 예산과 재정이 충분하지 않은 현실을 감안할 때, 모든 기본권이 국가에 대해 바로 일정한 행위를 요구할 수 있다라고 단언할 수 있을까?

예를들어, 청년들이 취업난으로 힘들때, 좋은 학력과 스펙을 가진 한 청년이 '직업의 자유'라는 기본권에 기해서 바로 국가를 상대로 좋은 일자리를 제공해 달라고 요구할 수 있을까? 이것을 헌법에서는 기본권이 '구체적 권리성을 갖는가'라는 문제로 설명하고 있다.

유보, 기본권 제한, 법률유보, 위임

'유보'의 사전적 의미는 어떠한 행위나 주장을 뒤로 미루어 두거나 보존하는 것을 말하는데, 헌법에서 말하는 유보는 이와 다르다. 여기서의 '유보'는 어떠한 것을 행함에 있어 그 '근거가 있느냐'이다.

법률유보는 쉽게 말해서 '법률에 근거가 있느냐'이다. 헌법유보는 '헌법에 근거가 있느냐'이다.

다시 개구리마을로 돌아가 보자.

처음에는 개구리마을에 온 청학도 나름대로 성실히 일하였다. 개구리마을 앞에 있는 연못에 일몰 이후에는 물뱀이 출현할 수 있으니 연못에 가까이 가는 것을 금지했고, 이를 어긴 개구리들은 일정기간 수영을 못하게 하는 등 제재를 가해서 질서를 유지하도록 했다.

여기서 일몰 이후에는 물뱀이 출현할 수 있으니 연못에 가까이 가는 것, 수영하는 것을 금지하는 규칙을 만들어서 모든 개구리에게 알리고 이를 지키도록 했다면, 이것이 바로 법을 만드는 (제정하는) 입법이라 하겠다.

일몰 이후 연못에서 수영을 금지하는 법은 물뱀 등으로부터 개구리들의 생명과 신체를 보호하기 위해서 어쩔 수 없이 만든 법이긴 하다.

하지만 이로 인해 개구리에게 일정시간 이후에는 마음대로 수영하고 싶은데 그러지 못하니 행동의 자유가 제한되고, 이를 위반했을 때는 범칙금을 내게 되니 경제적 금전적인 손실을 보게 되는 것처럼, 개구리들에게는 마음대로 수영하고 싶은 자유와 재산권에 제약이 따르게 된다.

즉 이 법은 개구리들의 자유와 권리를 제한한다고 볼 수 있다. 이것을 개구리권, 아니 '기본권의 제한'이라고 한다.

대부분의 개구리들은 일몰 이후에는 연못에 가서 수영을 하지 말아야지라고 생각하였다.

그런데 투투라는 개구리는 이를 어기고 연못에 가서 수영을 하였다. 하지만 개구리마을을 순찰중인 개구리경찰에게 그 광경을 딱 걸리고 말았다.

개구리경찰이 투투에게 법을 위반했으니 범칙금을 내라고 했더니 투투가 개구리경찰에게 "나에게 범칙금을 내라고 하는데, 너 근거 있어?" "내가 일몰이후에 수영하면 안 된다는 게 어디 있어, 너 근거 댈 수 있어?"라고 말하는 것을 가정해 보자.

이때 개구리 경찰이 투투에게 말한다. "그럼, 근거가 있지. '일몰 이후 수영금지법'에는 개구리들의 생명과 신체를 물뱀 등으로부터 보호하기 위하여 일몰 이후에는 수영을 금지하고 이를 위반하면 범칙금을 부과할 수 있다고 써 있어."

개구리들의 대표인 왕눈이가 이처럼 개구리들의 행동에 영향을 미치는, 좀 더 정확히는 개구리들의 자유와 권리를 제한하고 의무를 부담하게 하는 모든 법을 혼자서 만들기에는 왕눈이에게 벅찬 일이었다.

여기서 법단계설을 다시 복습해보자.

한 국가 내에서 가장 센 법은 '헌법'이라고 할 수 있다. 그 다음은 국민의 대표기관인 국회에서 제정한 '법률'이다. 국회가 모든 사항을 법률로 규정하는 것은 불가능하기 때문에 실제로 법률을 집행하는 행정부(공무원)가 보다 세부적인 사항을 정할 필요성도 있어서 행정부처가 제정한 것이 '명령'이다. 명령은 제정하는 주체에 따라 대통령령, 총리가 제정하면 총리령, 각 부처가 제정하면 부령(예를 들어, 보건복지부령, 법무부령)이다.

개구리들의 대표인 왕눈이는 지금 바쁘다. 지역민생도 챙겨야 하고, 예산도 어떻게 세울지 생각해야 하고, 청년 개구리, 독거 개구리의 삶에도 관심 가져야 하고 법률에만 온 신경을 집중할 수가 없다.

그래서 왕눈이가 굵직한 사항들을 법률에서 정하고, 그것을 실제로 집행하는 경찰이 보다 세부적인 사항들을 명령(대통령령, 부령, 시행령 등)에서 규정할 필요성이 있다.

근데 생각해 보자, 아까 그 개구리경찰에게 어떻게 규정을 만들지 조그마한 가이드라인도 주지 않는다면, 그러한 막강한 권한을 받은 개구리경찰이 제멋대로 평소 자기가 싫어하고 미워하는 개구리들의 권리를 마구 침해할 수 있지 않을까?

그래서 법률에서는 예를 들면 다음과 같은 규정을 둔다. "~일몰 이후에 수영을 한 개구리들엘 대한 수영금지 기간에 대해서는 일주일(7일) 이내의 범위에서 시행령으로 정한다."

이렇게 법률에서는 하위규범(대통령령, 부령, 시행령 등)에서 무엇을 규정해야 하는지 '구체적으로 일정한 범위'를 정해 준다.

이것을 우리는 '법률이 ~에 대해서 하위규범(대통령령 등)에 규정하도록 위임한다.'고 한다.

기본권의 보호영역

우리는 기본권이 헌법에 규정되어 있다고 해서 아무런 제한 없이 절대적으로 행사할 수 있을까? 헌법은 헌법적 가치질서나 국가의 존립을 위해서 필요한 경우 법률로 기본권을 제한할 수 있음을 규정하고 있다. 기본권을 제한하는 방식으로는 법률에 의한 제한이 대표적이다.

일상적인 생활에서는 우리가 전국에 있는 유명한 맛집에 가서 음식을 맛보는 것은 특별한 일이 아니다. 하지만 코로나 19로 인해 사회적 거리두기가 시행되었던 상황을 생각해 보자.

(감염병예방법 제49조 "보건복지부장관, 시·도지사 또는 시장·군수·구청장은 감염병을 예방하기 위하여 다음 각호에 해당하는 모든 조치를 하거나 그에 필요한 일부 조치를 하여야 한다. 2. 흥행, 집회, 제례 또는 그 밖의 여러 사람의 집합을 제한하거나 금지하는 것")

코로나 19의 감염으로부터 국민의 생명과 신체를 보호하기 위해서, 무질서를 방지하기 위해서 등 다양한 사유로 우리는 행사할 수 있는 기본권을 일정부분 제약받곤 한다. 예를 들어 함께 모이지 못하고, 일정 시간 이후에는 영업을 하지 못하며 음식을 먹으로 식당에 갈 수도 없으며, 취미와 건강을 위한 공연과 운동을 하는 것도 일정 부분 제한된다.

이처럼 우리는 자기가 원하는 음식을 원하는 장소에서 원하는 시간대에 먹지 못하고, 운동도 못하고, 취미생활을 하는 것에 제약을 받는다. 다시 말해 내가 누릴 수 있는 사생활의 영역이, 행동의 자유의 영역이, 나의 행복의 영역이 줄어드는 것이다. 이렇게 그 영역이 줄어드는 것이 '기본권의 제한'이다.

그렇다면 줄어들기 전인 내가 원래 누릴 수 있는 기본권의 영역이 있지 않았을까? 그래야 나의 기본권이 어느 정도 줄어드는지 알 수 있을 테니까. 이렇게 원래 누릴 수 있는 기본권의 영역을 기본권의 보호영역이라 한다.(좀 어렵게 설명하면, 헌법에서 규정된 기본권 조항에서 보호되는 일정한 생활영역)

결국 '기본권의 제한'은 기본권의 보호영역에 속하는 행위나 상태 등이 완벽하게 실현되지 못하거나 이를 어렵게 하는 행위라고 할 수 있다.

기본권을 제한하는 것은 국민들의 기본권 보호영역을 축소시키는 것이니까, 축소시키더라도 국민의 기본권을 조금이라도 더 보장하기 위해서는 가능한 한 그 영역을 조금만 줄여야 한다. 다시 말해 국민의 기본권을 제한한다 하더라고 되도록이면 기본권이 덜 침해받게 해야 한다는 것이다.

예를 들면, 코로나19 감염전파 예방을 위해 다수의 사람이 모이지 않도록 하기 위해서는 사람들의 바깥출입을 전면 통제하고 식당 자체를 문 닫게 할 수도 있지만, 행동의 자유와 영업의 자유를 덜 다치게 하기 위해서는 음식점 출입을 가능하게 하되 일정 수 이상 함께 동석하지 못하게 하고, 식당 영업은 하되 일정 시간 이후에는 문을 닫게 하는 방식이 일반인이나 자영업자 모두의 기본권이 덜 침해되는 것이다.

효력, 대국가적 효력, 대사인적 효력

'~효력'이란 대게 법을 지키고 준수해야 하는 수범자(규범, 즉 법을 따라야 하는자, 법의 적용을 받는 자), 혹은 권리자의 반대측에 있는 의무자에게 미치는 구속력 또는 작용을 의미한다고 할 수 있다.

예를 들어, 어떠한 법이 있는데 대부분의 사람들이 무슨 이유로 이를 지키지 않는다고 가정해 보자. 이 경우에 그 법은 사람들에게 그 법을 지켜야 한다는 구속력을 갖지 못하므로, 즉 사람들이 그 법을 지켜야 한다는 것에 얽매이지 않게 되어(또는 사람들에게 그 법을 준수해야 한다고 작용하지 못하므로), 그 법은 효력을 가지지 못한다고 말할 수 있다.

그렇다면 대국가적 효력이란 국가를 상대로 미치는 작용이란 뜻이 나오게 된다. 다시 좀 더 확장해서 기본권의 대국가적 효력이라고 하면, 이는 기본권이 국가를 상대로 미치는 작용이 되겠다.

다시 풀어써보면 기본권, 더 정확히는 헌법에 쓰인 기본권 조항을 국가(권력)가 따라야 한다는 것이다.

다시 개구리마을로 돌아가면, 국가권력이라고 볼 수 있는 청학은 개구리들이 존엄과 가치를 가질 수 있도록 해야 하는 것이다. 그리고 청학으로 하여금 그렇게 하도록 계약문서인 헌법에 글로 남긴 것이다.

다른 측면에서 얘기해보면 기본권의 효력이란 누가 기본권을 지켜야 하는가 또는 누가 기본권에 구속되는가의 문제라고도 할 수 있다. 요컨대, 기본권의 대국가적 효력은 기본권(조항)이 직접적으로 국가를 구속하는 효력을 의미한다. 따라서 개구리 마을의 청학은 합의문서에 쓰여 있는 대로 개구리들의 권리조항을 잘 따라야 한다.

이렇게 기본권 조항은 처음에 국가(권력)인 청학과 개인이라 할 수 있는 개구리와의 관계를 설정해 둔 것이다.

그런데, 개구리 마을에는 크기가 몸집이 비슷한 개구리만이 있는 것이 아니라 말이 개구리지 급이 다른 황소개구리라는 녀석도 있었다.

황소개구리는 그 포악함과 사나움이 청학이라는 국가권력과 맞먹을 정도였다.

이러한 상황에서 개구리들은 청학과의 사이에 써 놓은 계약문서를 황소개구리에도 주장할 수 있을까? 라는 생각이 들기 시작했다.

과연 기본권이라는 조항을 지켜야 하는 자가 국가 뿐만 아니라 개인도 포함시켜야 하는가? 이것이 대사인적 효력의 문제이다.

소원, 헌법소원, 위헌법률심판

소원이라 하면, 여러 가지 뜻이 있다. 원하고 바라는 것, 관계가 멀어지다 라는 뜻도 있지만, 법학에서 말하는 소원은 한자로 訴願 이렇게 쓰여지는데, 뉘앙스로는 "하소연하면서 뭔가 부당하고 잘못된 것을 바로 잡아주기를 바라는 것"이라고 할 수 있다.

잘못을 바로 잡아주는 곳, 그래서 나의 권리나 이익이 구제 받는 곳이라고 하면 우리는 재판을 하는 곳, 법원을 떠올린다.

이제 헌법소원을 살펴보자.

그전에 먼저 배운 권력분립, 입법, 행정, 사법을 생각해보자.

국민의 대표인 국회의원들이 있는 국회는 법을 만들고(입법), 그 법에 기해서 행정 공무원은 업무를 처리하고(행정), 자기에게 내려진 그 업무 처리가 부당하고 잘못되었다고 주장하는 국민들은 법원에 가서 잘잘못을 가려달라고 요청하고 법원은 이에 대해서 판단한다.(사법)

헌법소원은 헌법상 보장된 기본권이 침해당한(침해당했다고 주장) 자가 헌법재판기관(헌법재판소)에 그 침해를 가한 자가 헌법에 위배되었는지(잘잘못을 가려달라고) 심사를 청구하는 것을 말한다.

여기서 침해를 가한 자는 국가권력이다. 국가권력은 민간, 즉 사적인 권력이 아니므로 공권력이라고 부르기도 한다. 국가권력에는 입법, 행정 등이 포함된다.

요컨대, 헌법소원은 국가권력인 입법, 행정, 사법작용, 다시말해 공권력 작용에 대해 자신의 기본권이 침해당했으니 그 잘잘못은 따져서 이를 구제해 달라고 하소연하는 것이다.

예를 들어 보자.

오랫동안 백수로 살아온 개구리 왕눈이가 공무원 시험을 준비 중이다. 마지막이라는 생각으로 가열차게 열공 중이다.

그런데 개구리 나라에서는 공무원임용법에 모든 개구리들의 봉사자인 공무원은 체력도 튼튼해야 한다고 하면서 지상에서 20cm 이상은 점프해야 한다는 신설 조항을 두어서 올해 시험에서부터 개구리들의 체력 테스트를 한다고 규정하였다.(입법)

개구리 왕눈이는 실전 점검을 위해 공무원 준비학원에서 실시한 모의체력 테스트에 응했다. 그런데 19cm를 뛰어넘어 아슬아슬하게 20cm를 넘지 못하는 상황이었다.

이러한 상황이면 모든 개구리들의 봉사자로 일할 수 있는 왕눈이의 희망과 기대는 사라진다.

다시말해, 왕눈이의 희망과 기대, 아니 왕눈이가 공무원으로 일할 수 있는 권리(공무담임권)는 새로 생긴 20cm 점프 조항으로 침해당할 수 있다.

왕눈이는 자기의 기본권을 어떻게 구제받을 수 있을까? 그 구제책이 바로 헌법소원이다.

사례에서 개구리나라의 공무원임용법은 입법에 해당하고 이렇게 만들어진 법률은 국가권력, 즉 공권력에 해당하고, 20cm를 넘어야만 공무원이 되는 공무원임용법은 왕눈이의 공무원으로 일할 수 있는 권리인 공무담임권을 직접적으로 침해할 수 있기 때문에, 왕눈이는 헌법상 보장된 기본권의 침해(주장)를 이유로 헌법재판소에 헌법소원을 청구할 수 있게 된다.

이제 위헌법률심판을 알아보자. 간단히 말해서, "법률이 헌법에 위반되는지 어떤지를 심사해 달라"는 것이다.

예를 들어 보자.

오랫동안 백수로 살아온 개구리 왕눈이가 공무원 시험을 준비 중이다. 마지막이라는 생각으로 가열차게 열공했고 드디어 시험을 치뤘다. 개구리 나라의 '공무원임용법'에는 필기시험은 절대평가로 90점을 넘겨야 합격이라고 규정되어 있다.(입법)

왕눈이가 시험이 끝나고 가채점을 해보니 아슬아슬하게 90점이었다. 근데 실제 점수는 88점 이었다. 담당공무원은 왕눈이에게 불합격을 통보했다.(행정)

1문제 차이였다. 왕눈이는 너무 억울하고 분하였다. 잠시 평정심을 찾고 문제 하나 하나를 살펴보았다. 왕눈이는 자기가 틀린 문제에서 자기가 쓴 정답도 맞는, 즉 복수 정답이 될 수도 있다고 확신하고 해당 부처를 상대로 불합격처분취소소송을 하기로 마음먹었다.(사법)

재판을 하면서 가만히 보니, 왕눈이는 법에 따라 기계적으로 합격여부를 결정하는 담당공무원의 잘못은 없다는 생각하였다. 그 대신 절대평가로 상당히 높은 점수를 규정하여 공무원이 될 수 있는 진입장벽을 너무 높게 만든 법률이 문제라는 생각이 들기 시작했다.

더군다나 알아보니 절대평가를 기준으로 하는 다른 시험은 60점만 넘으면 되는데, 자기가 응시한 공무원 시험은 90점을 절대평가로 하여 상대적으로 공무원시험을 준비하는 왕눈이를 차별한다는 생각도 들었다.

왕눈이는 재판과정에서 이러한 얘기, 다시 말해 공무원의 업무 처리, 처분이 문제가 아니라, 법 자체가 잘못됐다는 주장을 하였다.

이를 들은 개구리판사는 고개를 끄덕거리면서 일리가 있다는 생각하였다. 그래서 개구리판사는 잠시 재판을 멈추고, 문제되는 법률이 헌법에 위반되는지 어떤지(잘잘못을) 헌법재판기관(헌법재판소)에 문의하여 판단을 받기로 하였다.

이처럼 헌법재판기관(헌법재판소)이 법률이 헌법에 위반되는지 어떤지를 심사하여 헌법에 위반되는 것으로 인정하는 경우에 그 효력을 상실하게 하는 것을 '위헌법률심판(심사)'라고 한다.

02
헌법총론

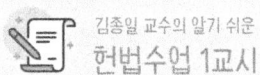

김종일 교수의 알기 쉬운
헌법수업 1교시

제1장
헌법기초이론

제1절 헌법의 개념

제1항 _ 헌법의 개념과 분류

1. 국가와 헌법

헌법은 국가와 밀접한 관련이 있다. 헌법은 국가라는 정치적 통일체의 형성과정에서 만들어졌으며 헌법이 주로 규율하는 대상도 국가와 관련되어 있다. 국가를 주권, 국민, 영토의 결합이라고 정의하는 경우가 많다. 이것을 국가3요소설(G. Jellinek)이라고 부른다. 즉 국가란 일정한 영토와 국민·주권을 기초로 통치 권력에 의하여 통치권을 행사하는 하나의 통일적인 조직체를 말한다.

국가는 어떻게 형성되었는가? 또는 국민들은 어떻게 모이게 되었는가? 즉 국가의 기원에 대한 학설을 살펴보면, 가족설(가족 공동체가 모여 국가를 형성), 정복설(강자가 약자를 정복·지배함으로써 국가가 형성), 계급국가설(경제적 지배계급이 피지배계급을 억압·착취하기 위한 수단으로서의 국가가 형성), 계약설(사람들이 함께 잘 살기 위해 결합하기로 서로 약속하는 경우) 등이 존재한다.

2. 헌법의 개념

국가가 어떠한 연유로 만들어 지든 간에 국가가 만들어 진 후에는 기본적이고 핵심적인 사항을 확실히 정할 필요가 있을 것이다. 즉 국가가 어떠한 목표를 추구할 것인지, 어떠한 방법으로 운영될 것인지 등에 한 기본적인 사항을 정해야 할 것이다. 그래야 국가가 안정적으로 운영될 것이기 때문이다. 헌법은 바로 이러한 것들을 정한 것이라고 말할 수 있다.

새롭게 만들어진 국가는 이후에 다양한 법을 만들게 되는데, 이러한 법들은 반드시 국가의 핵심적이고 기본적인 사항을 정한 헌법을 준수해야 하며, 헌법이 정한 테두리 안에 있어야 한다. 이러한 것을 두고 헌법이 최고규범성을 갖는다고 말한다.

요컨대 헌법은 국가의 기본법으로서 국민의 자유와 권리를 보장하고 국가의 조직 및 구성 그리고 작용, 국가와 국민과의 관계를 규정한 최고의 규범이다.

또한 헌법은 주권자인 국민이 제정한 법이다. 대한민국헌법은 1945년 일제로부터의 해방 후 약 3년 후인 1948년 5월 10일에 구성된 제헌국회에 의하여 같은 해 7월 12일에 제정되었다. 현재 우리가 사용하는 헌법은 제9차 개정 헌법으로서 1987년 민주화 운동 이후인 같은 해 10월 29일에 제정되었다. 여야 합의로 만들어진 최초의 헌법이며 2022년 현재까지 약 35년 이상 유지되어 오고 있다.

3. 헌법의 분류

헌법의 개념에 대한 이해를 위하여 다양한 기준에 따라 헌법을 유형화한 것이 헌법의 분류이다. 헌법의 분류를 통해서 특정 헌법이 어느 유형에 속하는지 어떤 특성을 갖는지를 파악할 수 있다.

(1) 외관을 중시하느냐, 내용을 중시하느냐에 따른 개념

1) 형식적 의미의 헌법

헌법의 내용과는 관계없이 법규범의 외형적 특징인 존재형식 등으로 헌법개념을 파악하는 것으로 이에 의하면 '헌법전(憲法典)의 형식'으로(헌법전에 한정) 성문화된 모든 법규범들을 의미한다. "영국에는 헌법이 없다"라고 한 토크빌의 표현은 '형식적 의미의 헌법이 없다'라는 것을 의미한다.

형식적 의미의 헌법은 그 내용에 상관없이 헌법으로서의 효력을 가진다. 따라서 실질적 의미의 헌법이 아닌 형식적 의미의 헌법도 법률에 대한 우위가 인정된다.

형식적 의미의 헌법과 관련되는 각국의 헌법내용으로는 도살조항(스위스 헌법, "~마취하지 아니하고는 식육동물을 도살하지 아니한다."), 금주조항(미연방 헌법, "~미합중국 내에서의 음용목적의 주류·제조·판매·운반을 금지한다."), 풍치조항(바이마르 헌법, "~천연기념물·명승풍경은 보호해야 한다."), 선혼인·후예식조항(벨기에 헌법, "~선(先)혼인·후(後)거례 규정이 있다.") 등이 있다.

2) 실질적 의미의 헌법

실질적 의미의 헌법이란 법 형식에 구애받지 아니하고 국가의 조직·작용(통치구조) 및 국가와 국민과의 관계(기본권관계)(이를 '헌법사항'이라고 일컫는다)를 정하고 있는 법규범의 전체를 의미한다. 헌법전(憲法典)을 비롯하여 법률(예컨대 국적법, 정당법, 정부조직법 등)·명령·규칙은 물론 관습법까지도 헌법사항을 규정한 것이면 실질적 의미의 헌법에 포함된다.(헌법전뿐만 아니라 여러 규범 형태로 존재)

> ⚖️ **헌법의 법원의 확대**
> 실질적 의미의 헌법에 따르면 헌법전이라는 형식에 구애됨이 없이 법률, 명령 등의 형식으로도 헌법사항을 담기만 하면 헌법으로 보기 때문에, 다양한 형태로 헌법이 존재하게 되어, 헌법의 법원이 확대된다.

(2) 헌법의 발전과정에 따른 개념

1) 고유한 의미의 헌법(본래적 의미의 헌법)

국가를 운영하기 위한 국가의 통치체제에 관한 기본사항을 정한 국가의 기본법을 말한다. 고유한 의미의 헌법은 국가가 존재하는 한 어떠한 형태로든 존재한다. "조선시대에는 경국대전이 있다"라는 것과 "구소련이나 북한에도 헌법이 있다"라는 것은 고유한 의미의 헌법이 있다는 것을 의미한다.

2) 근대 입헌주의적 헌법

입헌주의란 헌법에 의하여 통치할 것을 요구하는 정치원리를 의미한다. 근대 시민국가를 배경으로 개인의 자유와 권리를 최대한 보장하고 권가권력의 남용을 억제(국가권력 분립)하려는 이념을 바탕으로 한 헌법이다.

3) 현대 사회국가적(복지국가적) 헌법

근대 입헌주의적 헌법을 계승하면서도 근대 입헌주의의 폐해와 사회적 위기를 극복하기 위하여 사회국가 원리 즉 약자에 대한 배려 등을 수용한 헌법이다.

> ⚖️ **현대 사회국가적 헌법**
>
> 실질적 국민주권주의(실질적 국민주권주의는 참정권적 기본권을 광범위하게 보장하여 대중민주주의를 구현하는 것을 말한다), 실질적 법치주의(법치주의란 국가의 모든 권력작용은 헌법이나 법률에 의해서 이루어져야 한다는 원리를 말한다. 법치주의의 유형은 법제정시의 합법성을 강조하는 형식적 법치주의 원리와 법제정시의 합법성과 법의 내용까지도 사회정의에 부합해야 하는 실질적 법치주의로 대별된다. 형식적 법치주의는 근대 입헌주의 헌법과 관련되나, 실질적 법치주의는 현대복지국가 헌법과 관련된다), 국제평화주의, 재산권의 상대화와 실질적 평등을 강조하는 사회국가적 원리, 보통선거제, 기능적 권력분립, 헌법재판제도(현대복지국가 헌법은 국민의 기본권 보장과 헌법질서의 유지 및 수호를 위해서 헌법제판제도를 헌법에 규정하고 있다. 헌법재판은 헌법과 관련된 분쟁이 발생하는 경우에 헌법의 의미·내용을 해석하여 확정하는 작용을 의미하는 것으로, 현대복지국가 헌법의 특징에 해당한다)

(3) 헌법의 존재형식에 따른 분류

1) 성문헌법

헌법이 성문의 헌법전(憲法典)의 형태로 존재하는지 여부에 따른 것으로 성문헌법과 불문헌법으로 나뉜다.

성문헌법은 통일된 성문의 헌법전을 두고 있는 경우를 말하며 일반적으로 경성헌법을 기본적인 특징으로 한다. 헌법의 성문화는 헌법의 개정을 어렵게 할 필요가 있어서이다. 다만 연성인 성문헌법도 존재할 수 있기 때문에(1848년 이탈리아 헌법 등) 헌법의 경성은 성문헌법의 본질적 요소는 아니다.

성문헌법은 헌법의 안정성 확보 및 권력통제기능을 실현할 수 있다는 장점을 수반하고 있다. 그러나 **성문헌법국가라 하여 모든 사항을 다 헌법에 규율하는 것은 불가능하기 때문에 성문헌법의 국가에서도 관습헌법의 발생을 완전히 배제하는 것은 아니다.** 이 경우 헌법관습법은 성문헌법을 보충하거나 효력을 증대시키는 범위 내에서 인정된다.

> **신행정수도건설을 위한 특별조치법 사건**(헌재 2004.10.21. 2004헌마554)
>
> 성문헌법이라고 하여도 그 속에 모든 헌법사항을 빠짐없이 완전히 규율하는 것은 불가능하고 또한 헌법은 국가의 기본법으로서 간결성과 함축성을 추구하기 때문에 형식적 헌법전에는 기재되지 아니한 사항이라도 이를 불문헌법 내지 관습헌법으로 인정할 소지가 있다.

2) 불문헌법

불문헌법이란 <u>문서화된 헌법전을 가지고 있지 않은 헌법</u>을 말한다. 즉 <u>헌법이 헌법전이 아닌 일반법률이나 관습률의 형태로 존재하는 것</u>이다. 또한 불문헌법국가에서는 법률에 대하여 우위를 가지는 헌법전이 존재하지 않기 때문에 <u>위헌법률심사제나 헌법개정은 인정되지 아니한다.</u> 불문헌법에 해당하는 헌법으로 영국, 캐나다 등을 사례로 들 수 있다.

(4) 개정방법의 난이에 따른 분류(경성헌법, 연성헌법)

헌법의 개정방법에 따른 것으로 <u>헌법을 일반법률의 개정절차와 동일하게 하는 경우를 연성헌법, 일반법률의 개정절차보다 어렵</u>

게 하는 경우를 경성헌법이라 한다. 경성헌법은 시대의 변화에 신축적으로 대응할 수 없다는 문제점이 있는 반면, 연성헌법은 헌법생활에서 발생하는 현실적 요구에 신축적으로 대응할 수 있다고 할 수 있다. 통상적으로 경성헌법은 성문헌법국가에서, 연성헌법은 불문헌법국가에서 취하게 되나, 앞서 언급한 것처럼 성문헌법국가에서도 연성헌법을 채택한 경우가 있어 이를 반드시 필수적인 관계로 보지는 않는다.

> ⚖️ **경성헌법과 최고규범성**
> 경성헌법은 헌법개정에 의한 헌법침해를 방지하기 때문에 '지난친 경성'이 아닌 한 헌법의 최고규범성을 확립하는데 도움이 된다. 따라서 경성헌법성은 헌법의 최고규범성과 관련이 있다.

제2항 _ 헌법의 특성

헌법의 특성이란 민법, 형법 등의 다른 법규범과 달리 헌법이 가지는 특질을 말한다. 이러한 헌법의 특성은 사실적 측면과 규범적 측면에서 고찰할 수 있다.

1. 사실적 특성

(1) 정치성

헌법은 여러 정치세력간의 공존을 위한 정치투쟁과 정치적 공존을 위한 타협의 산물이므로 정치성을 그 특징으로 한다. 이로 인해 헌법의 해석에는 다른 법규범보다 정치적 판단이 상대적으로 많이 개입할 여지가 있다.

헌법의 정치성으로 인하여 헌법소송은 독립한 헌법재판기관이 담당하게 되고, 정치적 고려에 의한 합목적적 판단이 불가피하게 되며, 재판결과의 강제집행이 곤란해지는 특성을 갖게 된다.

(2) 이념성

헌법은 정치투쟁의 산물로 일정한 정치이념과 가치질서를 내용으로 한다. 예컨대 근대시민국가의 헌법은 개인의 자유의 보장을 핵심으로 하는 시민적 자유주의를, 현대사회국가의 헌법은 사회국가의 원리에 입각한 사회적 법치주의를, 사회주의국가의 헌법은 프롤레타리아 독재와 생산수단의 사회적 공유제를 내실로

하는 사회주의를 그 특유의 이념 내지 가치질서로 하고 있다.

(3) 역사성

헌법의 역사성이란 헌법이 <u>역사적인 제 조건, 정치·경제·사상 등의 상황과 밀접한 관련성을 갖는다</u>는 것을 의미한다. 따라서 헌법이 그 내용으로 하는 이념 내지 가치질서는 선험적이거나 보편적인 것이 아니며 그때 그때의 역사적 조건과 지배상황에 의하여 제약을 받는 역사적 이념이고 가치인 것이다.

> ⚖️ **역사성과 대통령제**
> 원래 우리나라는 의원내각제를 취하려고 했으나 대통령제를 취하였는데, 이는 남북분단의 상황과 남한에 미국이 주둔하면서 미국식 대통령제를 취하게 되었다.
>
> ⚖️ **헌법의 개정**
> <u>헌법의 개정은 형식적 의미의 헌법·성문헌법과 관련된 개념이다.</u> 헌법전(憲法典)에 들어있지 않은 실질적 의미의 헌법과 불문헌법의 개정은 헌법의 개정에 속하지 않고 법률개정의 문제로 다루어진다. 특히 불문헌법의 개정은 헌법관행의 변화에 따라 이루어지기 때문에 헌법개정의 개념에 포함시키지 않는 것이 통례이다.

2. 규범적 특성

(1) 최고규범성

헌법은 국가의 조직규범이기 때문에 국가라는 실정법체계에서 최고의 규범이다. 이는 헌법은 주권자인 국민에 의해서 제정되었다는 데에서 유래된다.

최고규범성의 실정법적 근거로서 미국이나 독일헌법과는 달리 우리 헌법은 헌법의 최고규범성을 직접 명시한 규정은 없다. 현행 헌법은 미국이나 일본 헌법과 달리 헌법의 최고규범성을 명문으로 규정하고 있지는 않다. 다만 헌법개정절차의 곤란성(§128, §129, §130), 위헌법률·명령심사제(§107, §111①), 대통령의 헌법준수의무 및 헌법존중의무(§69), 탄핵소추(§65), 그리고 '이 헌법시행당시의 법령과 조약은 이 헌법에 위배되지 않는 한 그 효력을 지속한다.'라고 규정한 헌법부칙 제5조 등의 규정을 보면 간접적으로 헌법의 최고규범성을 인정하고 있다고 할 것이다.

(2) 자기보장규범성

헌법은 법률, 명령 등 하위 규범과 달리 그 실효성을 확보하거나 그 내용을 직접 강제할 수 있는 기관이나 수단을 구비하고 있지 아니하다. 즉, 헌법 이외의 다른 법률은 국가권력에 의해서 적용, 집행, 관철되기 때문에 그 효력이 국가권력에 의해서 보장되고 있지만 국가권력 자체를 구속하는 성격을 지닌 헌법의 경우에는 그 효력을 담보해줄 장치가 없으므로 헌법은 스스로 그 효력을 보장해야 하는 특성을 갖는다.

자기보장을 위해 헌법재판기관이 구비되어 있다 하여도 헌법재판기관은 특정 법률이나 특정기관의 행위가 헌법에 위반된다는 결정만을 할 수 있을 뿐 그 결정을 강제집행할 수 있는 권한이나 수단을 가지고 있지 아니하다.

따라서 헌법은 국가권력 상호간의 통제와 권력적 균형이라는 메커니즘을 통해서 그 실효성을 유지한다.

(3) 생활규범성

헌법은 관념의 세계에서만 존재하는 규범이 아니라 사회구성원의 생활 속에서 존재하면서 일상생활 속에서 실현되고 발전되는 규범이다.

한편 생활규범성은 모든 법규범에 공통된 특징이므로 헌법만의 특징으로 보기 어렵다는 비판도 존재한다.

(4) (구조적) 개방성

헌법은 최소한의 기본적인 사항만 기술하고 세부적인 내용은 향후 정치세력간의 합의에 맡겨두는 것이 일반적이다. 즉 헌법은 정치투쟁에 의해서 결정될 사항을 유보함으로서 모든 사항을 다 규정할 수 없기 때문에 자연히 입법권자나 헌법개정권자에 의한 보완을 요구하게 되고 헌법재판에 의하여 구체화될 수밖에 없는 것이다.

다시 말해 <u>헌법은 최고법으로서 상세한 법전화(法典化)가 불필요하며 단지 중요하고 확정을 필요로 하는 것만을 규정하면 족하며 헌법에 모든 것을 확정적으로 규정하지 않고 개방된 채 둘 수밖에 없다.</u>

그러나 공동체의 기본질서나 개방되어 있는 문제를 결정하는 절차 자체는 개방되어서는 안되므로 이는 개방의 한계가 된다.

제3항 _ 헌법의 해석

1. 헌법해석의 방법

헌법의 해석이란 '헌법규범'의 진정한 의미와 내용을 밝힘으로써 구체적인 헌법문제를 해결하려는 헌법인식작용이다. 헌법은 규범적 특성 가운데 하나인 그 구조적 개방성으로 인하여 일반적인 법률해석과 본질적인 차이가 있는 바 이를 달리 해석하려는 시도가 제기된다. 다시 말해 국민의 가치관이나 세계관 등 다른 규범에 비해 법보충의 여지가 크고 정치적·합목적적인 관점이 요청되므로 헌법해석은 매우 중요한 의미를 갖는다.

2. 합헌적 법률해석

(1) 의의

합헌적 법률해석이라 함은 법률의 개념이 다의적으로 해석될 수 있어 합헌적 해석과 위헌적 해석이 모두 가능한 경우 그것이 헌법의 정신에 합치되도록 해석될 여지가 조금이라도 있으면 이를 쉽사리 위헌으로 판단할 것이 아니라 합헌으로 판단하여야 한다는 법률해석기법을 말한다. 또한 헌법해석이 헌법자체를 대상으로 하는 것에 반해 합헌적 법률해석은 법률이 대상이다.

(2) 규범통제(법률에 대한 위헌심사)와의 관계

양자 모두 헌법의 최고규범성을 공통적인 이론적 근거로 하고 있으나, 합헌적 법률해석이 입법자가 제정한 법률의 효력을 되도록 지속시키려는 사상의 제도적 표현인데 반해 규범통제는 최고규범으로서 헌법이 가지는 효력을 지키려는 사상의 제도적 표현이므로 두 제도는 상호제약적 관계에 있다.

또한 합헌적 법률해석의 경우 헌법이 '해석규칙'(기준)으로서 기능하지만, 규범통제는 헌법이 '저촉규칙'으로서 법률의 위헌심사에 있어서 심사기준으로 기능한다.

합헌적 법률해석은 헌법의 최고규범성이 보장되고 있는 헌법 하에서는 당연히 인정될 수 있는 헌법적 제도이지만 규범통제는 헌법의 최고규범성만에 의해서 인정될 수는 없고 그에 대한 명시적인 별도의 근거규정(헌법 제111조)을 필요로 한다.

	합헌적 법률해석	규범통제
헌법의 기능	해석기준	심사기준(저촉법)
제도의 목적	법률의 효력을 지속	헌법의 규범력을 유지
헌법적 근거 필요성	헌법의 최고규범성만으로 인정	헌법의 최고규범성 + 명시적 규정(제111조 제1항 제1호)

> **명시적 규정 필요이유**
> 헌법에 근거도 없이 국민이 직접 선출한 국민의 대표기관인 국회가 만든 법률을 국민이 선출하지 않은 사법부가 위헌이라고 하면 민주적 정당성에 문제가 있을 수 있다.

(3) 연혁

미연방대법원의 판례에서 유래한 원칙으로서 1827년의 Ogden v. Saunder사건에서 "입법부가 의결한 법률은 그 위헌성이 명백한 것으로 판명될 때까지는 일단 그 유효성을 추정하여야 한다. 그렇게 하는 것이 입법부의 지혜·성실·그 애국심에 대하여 경의를 표하는 것이 된다"라고 판시하였다.

독일연방헌법법원은 미국에서의 법률의 합헌성추정의 원칙을 수용하여 이를 합헌적 법률해석론으로 발전시켰다. 즉 "법률이 헌법에 조화되는 것으로 해석될 여지가 있는 한 그 법률을 무효로 선언할 수 없다는 원칙은 이미 일반적 지지를 얻고 있다"라고 판시하고 있다.

(4) 이론적 근거

합헌적 법률해석의 이론적 근거로는 '헌법의 최고규범성에서 나오는 **법질서의 통일성**'(한 나라의 법질서는 헌법을 정점으로 통일적인 법체계를 유지하므로 모든 법규범은 헌법과 합치되어야 한다), '민주주의적 입법기능의 최대한 존중과 **권력분립의 정신**'(입법권자가 제정한 법률은 다른 국가기관에 의해 존중될 필요가 있어 헌법재판소 입법권자가 제정한 법률이 헌법에 부합하는 해석이 가능한 경우 이를 무효로 선언해서는 안 되고 합헌적 해석을 통해 이를 존중해야 한다), '**법적 안정성의 유지**'(법률에 대한 위헌판단은 그동안 유지되어온 법적 생활의 안정을 위협하므로 합헌적 법률해석은 법적 생활의 안정을 위해서 필요하다), '**법률의 추정적 효력**'(입법부가 의결한 법률은 그 위헌성이 명백한 것으로 판명될 때까지는 일단 그 유효성을 추정하여야 한다.), '**국가 간의 신뢰**

보호'(국내법의 지위를 누리는 일정한 조약과 국제법규의 경우에도 위헌판단의 대상이 되므로 그 해석에 있어서도 국가 간의 신뢰보호 내지 신의존중을 위해서 가능한 한 합헌적 법률해석이 요청된다.) 등이 거론되고 있다.

헌법재판소는 이와 관련해서 "한정합헌해석은 헌법을 최고법규로 하는 통일적인 법질서의 형성을 위해서나, 입법부가 제정한 법률을 위헌이라고 하여 전면폐기하기 보다는 그 효력을 되도록 유지하는 것이 <u>권력분립의 정신에 합치하고 민주주의적 입법기능을 최대한 존중</u>하는 것이 되며, 일부 위헌요소 때문에 전면위헌을 선언하는데서 초래될 충격을 방지하고 <u>법적 안정성을 갖추기 위하여</u> 서도 필요하다 할 것이다."(헌재 1990.6.25. 90헌가11)라고 하여 법질서의 통일성, 권력분립, 입법기능의 존중, 법적 안정성 등을 그 근거로 제시하고 있다.

(5) 유형

합헌적 법률해석의 구현형태로는 대표적으로 한정합헌결정, 한정위헌결정을 들 수 있다. 한정합헌결정이란 법률조항의 형식적인 문언 자체에 대하여 위헌결정을 하는 것이 아니라 그 문언의 내용이 다의적으로 해석 가능한 경우 법률이 그 자체로는 합헌으로 볼 수 없어도 그 내용을 제한하는 경우(해석에 의하여 위헌적 부분을 제거)에는 위헌이라고 볼 수 없는 경우에 행하여진다. 한정위헌결정은 법률조항이 특정의 영역에서 적용되거나 또는 특정한 내용으로 해석되는 한 위헌이라고 선언하는 결정 유형이다.

이 양자를 표리관계로 보고 실질적으로 동일하다는 견해와 서로 다른 결정(한정위헌결정의 경우에는 위헌으로 해석되는 부부의 나머지 부분이 위헌이 아니라는 것일 뿐 합헌으로 해석되는 것은 아니라고 보아, 이 부분에 있어서는 이후에 위헌의 의미가 발견된다면 추가로 제거가 가능하다고 본다)이라는 견해가 있다.

헌법재판소는 이와 관련하여 "두가지 방법은 서로 표리관계에 있는 것이어서 실제적으로는 차이가 있는 것이 아니다. 합헌적인 한정축소해석은 위헌적인 해석 가능성과 그에 따른 법적용을 소극적으로 배제한 것이고, 적용범위의 축소에 의한 한정적 위헌선언은 위헌적인 법적용 영역과 그에 상응하는 해석 가능성을 적극적으로 배제한다는 뜻에서 차이가 있을 뿐 본질적으로는 다 같은 부분위헌결정이다."(헌재 1997.12.24. 96헌마172)라고 판시하여 실질적으로 두 결정을 동일하게 파악하고 있다.

(6) 한계

합헌적 법률해석도 무한정 허용될 수는 없으며 입법권의 존중, 헌법의 최고규범성의 실효성 등을 위해 일정한 한계를 갖고 있다.

1) 문의적(어의적) 한계

합헌적 법률해석은 해당 법조문의 어의(語義)가 완전히 다른 의미로 변질되지 아니하도록 하는 범위 내에서만 가능하다. **법률문언의 의미가 뚜렷하여 한가지 뜻으로 밖에 해석할 여지가 없을 경우, 또는 법률의 문언이 다의적 해석가능성을 넘어서 아예 추상적이고 광범위하며 애매모호한 것일 경우에는 합헌적 법률해석은 허용되지 않는다.**

2) 입법목적적 한계

합헌적 법률해석으로 법률의 목적이나 내용이 본래의 취지보다 다소 제한되거나 보충되는 것은 가능하지만, 전혀 새로운 목적이나 내용을 가지게 하는 것이어서는 아니된다. 왜냐하면 이러한 합헌해석은 법률해석의 문제가 아니고 입법기능의 문제이기 때문이다.

3) 헌법수용적 한계

법률의 효력을 지속시키기 위해서 헌법규범의 내용을 지나치게 확대해석함으로써 헌법규범이 가지는 정상적인 수용한계를 넘어서는 아니 된다. 즉 '법률의 합헌적 해석'이 '헌법의 합법률적 해석'으로 되어서는 아니 된다.

> **지방공무원법상 지방공무원 전입에 관한 규정**
>
> 지방공무원법상 '양 단체장의 동의로 소속공무원을 전입할 수 있다'고 규정되어 있는데 이는 할 수 있다는 재량의 여지를 두고 있으므로 우리 헌법재판소는 이를 합헌적으로 해석하여 소속공무원의 동의까지 요하는 것으로 해석하여 합헌결정하였다.(헌재 2002.11.28. 98헌바101)

제2절 헌법의 제정·개정 및 헌법의 보호

제1항 _ 헌법의 제정

1. 개념

헌법의 제정이라 함은 헌법이 없는 상태에서 헌법을 만드는 것을 말한다. 다시 말해 헌법을 창조할 수 있는 힘을 가진 자가 그 힘을 행사하여 헌법을 창조하는 행위를 의미한다.

2. 헌법제정권력

(1) 의의 및 구별개념

헌법제정권력이란 헌법을 시원적으로 창조하는 힘을 말한다. 그러나 헌법제정권력은 사실상의 힘을 뜻하는 것이 아니라 정치적 통일체에 있어서 국민적 합의를 규범체계화하는 정치적 권력인 동시에 헌법에 정당성을 부여하는 권위 또는 가치를 갖는 것을 의미한다.

또한 헌법제정권력은 헌법을 시원적으로 창조하는 권력이라는 점에서 헌법제정권력에 의하여 비로소 조직화되고 제도화된 헌법개정권력과는 구별된다.

> ⚖️ **건국헌법**
> 대한민국 건국헌법(1948년)은 국민투표 없이 제헌의회에서 확정되었다. 요컨대 시예스 방식을 취하였다.

(2) 헌법제정권력이론의 형성과 발전

시예스(E. J. Siéyès)는 헌법제정권력이론을 처음으로 체계화하였으며 '제3신분이란 무엇인가'라는 논문에서 **헌법의 제정주체는 국민**(제3신분, 시민계급)이고, 국민이 보유하는 헌법제정권력은 단일불가분이며, 절차면에서 일체의 법적 제한을 받지 않으며(**헌법제정권력 한계의 부인**), **그 행사는** 국민투표가 아닌 **제헌의회**(귀족·교회대표·시민대표로 구성)가 대행함을 인정하여 **대의제의 선구자**로 간주된다.(이에 반해 루소는 국민투표 등 국민의 뜻이 직접적으로 반영되는 방법으로 제정권력이 행사되어야 한다고 주장)

슈미트(C. Schmitt)는 "**헌법제정권력과 헌법개정권력을 구분**"하였으며, 헌법제정권력은 "사실로서의 힘이기 때문에 그 어떠한 한계도 존재하지 않는다."고 주장하였다. 또한 **슈미트는 헌법제정권력**을 "정치적 통일체의 종류와 형태에 관하여 **근본적인 결단을** 내리는 **정치적 의사**"로 규정하여 이러한 입헌적 의지가 헌법제정권력과 헌법을 정당화시키는 근거가 된다고 한다. **헌법제정권력의 주체**에 대해서는 **국민으로 한정하지 아니하고** 국민이 아니더라도 **힘과 권위를 가진 실력자**(국민, 귀족, 군주)이면 헌법제정권자가 될 수 있다고 보았다.

(3) 헌법제정권력의 성격

1) 사실성과 규범성

국민의 정치적 존재방식에 관하여 근본적 결단을 내리는 정치적 의사인 동시에 법적(법규창조적) 권능이다.

2) 시원성(창조성)과 자율성

국가적 질서를 시원적으로 창조하는 권력이다. 그러므로 어떠한 법형식이나 법절차에도 따르지 아니하는 권력으로서 스스로 의도하는 바에 따라 발동된다.

3) 단일불가분성

헌법제정권력은 헌법개정권력이나 통치권과 나란히 있는 것이 아니라 이들 권력의 포괄적 기초가 되는 것이며 분할될 수 없는 권력이다.

4) 항구성과 불가양성

한번 행사되었다고 하여 소멸하는 것이 아니라 항상 존재하는 권력이다. 즉, 헌법제정권력은 주로 신생국가의 성립시나 혁명 등 위기에 발동되는 권력이지만 일단 실정헌법이 제정된 후에 다음의 헌법을 제정할 때까지 잠재적으로 존재하는 항구적 권력이다. 또한 헌법제정권력의 주체는 국민주권원리에 따라 오직 국민에게만 존재하며 양도될 수 없다. 그러나 그 행사를 위임할 수는 있다.

(4) 헌법제정권력의 한계

헌법제정권력은 어떠한 제약에도 따르지 아니하고 무슨 결정이든 내릴 수 있는 권력인지에 대하여 논의가 있다.

1) 한계인정 여부

시예스와 슈미트에 의하면 헌법제정권력은 시원적 권력으로 어떠한 결정이라도 내릴 수 있는 것인바 이를 제한하는 것은 있을 수 없다고 보았다.(한계부정설)

반면에, 헌법제정권력이라 해도 무제한의 권력은 아니며 불변의 근본규범이나 자연법상의 원리, 초실정법적 법원칙에 의한 제약을 받는다고 본다.(한계긍정설) 한계긍정설에 따르면 헌법제정권력이 그 한계를 무시하고 헌법을 제정한 경우에는 그 헌법은 정당성을 가질 수 없게 된다.

> ⚖️ **헌법제정절차상의 한계**
> 헌법제정은 시원적으로 헌법을 만드는 것으로 제정절차가 없으며, 따라서 절차상 한계도 존재하지 않는다.

2) 헌법제정한계의 내용

한계긍정설을 취할 경우 헌법제정권력을 제약하는 사유로는 민주적 기본질서나 정치적 정당성을 지배하는 이념법적인 한계, 기본적인 인권보장과 같은 자연법적인 한계, 법적안정성·정의·형평의 관념 등과 같은 법원리적 한계, 패전국이나 식민지의 경우 승전국이나 보호국의 영향을 받는 것처럼 관련국가의 영향을 받는 국제법적 한계(제2차 세계대전의 패전국으로 일본은 헌법 제정시 승전국인 미국 등의 영향을 받아, 일본 헌법 제9조에 전쟁포기와 전력보유금지를 규정하였다) 등이 있다.

제2항 _ 헌법의 개정

1. 헌법개정의 의의

(1) 의의 및 필요성

헌법 개정이라 함은 헌법에 규정된 개정절차에 따라(형식적 요건) 기존의 헌법과 기본적 동일성을 유지하면서(실질적 요건) 헌법의 특정조항을 의식적으로 수정 또는 삭제하거나 새로운 조항을 추가(증보)함으로써 헌법의 형식이나 내용에 변경을 가하는 행위를 말한다.

헌법의 최고규범성을 확보하기 위해서는 헌법의 개정을 곤란하게 하여 빈번한 헌법 개정으로 인한 국가기본질서의 불안정성을 방지하여야 한다. 하지만 헌법규범의 정치규범성 내지는 생활규범성 확보차원에서 시대의 변화에 능동적으로 대응하여 헌법의 현실적응성과 실효성을 유지하고 헌법파괴 방지, 헌법제정당시에 참여하지 못한 정치집단에게도 헌법형성에 참여할 기회를 제공하여야 한다는 헌법 정책적 이유 등에서 볼 때 헌법개정은 불가피한 것이다.

2. 개정 절차

(1) 현행 헌법상 개정 절차

현행 헌법의 개정 절차는 다음과 같이 이루어진다. 국회의원의 경우는 국회재적의원 과반수 찬성을 얻어, 대통령의 경우에는 국무회의의 심의를 거쳐 제안(발의)을 하고, 20일 이상의 공고를 거쳐(헌법개정안의 공고절차는 헌법개정에 관한 국민적 합의 형성을 위한 불가결의 제도이므로 생략할 수 없다), 공고된 날로부터 60일 이내에 국회재적의원 3분의 2 이상의 찬성을 얻어 의결(헌법개정안에 대한 의결에 시간적인 제약을 두고 있는 것은 공고된 날로부터 2개월 이내에 헌법개정여부에 종지부를 찍어 법적 안정성을 확보하기 위한 것이다. 이때 수정의결은 인정되지 않으며 역사적인 책임소재를 분명히 하기 위해 기명투표에 의한다)하고, 국회 의결 후 30일 이내에 국민투표에 부쳐 국회의원 선거권자 과반수의 투표와 투표자의 과반수의 찬성으로 확정되며, 대통령은 국민투표의 결과를 즉시 공포한다.

제 안 ⇨ 공 고 ⇨ 국회의결 ⇨ 국민투표 ⇨ 확 정 ⇨ 공 포 ⇨ 발 효

▶ **헌법 제128조**
① 헌법개정은 국회재적의원 과반수 또는 대통령의 발의로 제안된다.
② 대통령의 임기연장 또는 중임변경을 위한 헌법개정은 그 헌법개정 제안 당시의 대통령에 대하여는 효력이 없다.

▶ **헌법 제129조**
제안된 헌법개정안은 대통령이 20일 이상의 기간 이를 공고하여야 한다.

▶ **헌법 제130조**
① 국회는 헌법개정안이 공고된 날로부터 60일 이내에 의결하여야 하며, 국회의 의결은 재적의원 3분의 2 이상의 찬성을 얻어야 한다.
② 헌법개정안은 국회가 의결한 후 30일 이내에 국민투표에 붙여 국회의원선거권자 과반수의 투표와 투표자 과반수의 찬성을 얻어야 한다.
③ 헌법개정안이 제2항의 찬성을 얻은 때에는 헌법개정은 확정되며, 대통령은 즉시 이를 공포하여야 한다.

※ 헌법 개정의 발효 시기에는 공포시설과 20일 경과시설이 있지만, 현행 헌법은 부칙 제1조에서 1988년 2월 25일부터 효력이 발생한다고 발효시기를 직접 명시하였다.

▶ **국민투표법 제92조(국민투표무효의 소송)**
국민투표의 효력에 관하여 이의가 있는 투표인은 투표인 10만인 이상의 찬성을 얻어 중앙선거관리위원회위원장을 피고로 하여 투표일로부터 20일 이내에 대법원에 제소할 수 있다.

관습헌법을 폐지하기 위해서 헌법개정이 필요한지 여부
(헌재 2004.10.21. 2004헌마554)

우리나라의 수도가 서울이라는 점에 대한 관습헌법을 폐지하기 위해서는 헌법이 정한 절차에 따른 헌법개정이 이루어져야만 한다. 이 경우 성문의 조항과 다른 것은 성문의 수도조항이 존재한다면 이를 삭제하는 내용의 개정이 필요하겠지만 관습헌법은 이에 반하는 내용의 새로운 수도설정조항을 헌법에 넣는 것만으로 그 폐지가 이루어지는 점에 있다. 다만 헌법규범으로 정립된 관습이라고 하더라도 세월의 흐름과 헌법적 상황의 변화에 따라 이에 대한 침범이 발생하고 나아가 그 위반이 일반화되어 그 법적 효력에 대한 국민적 합의가 상실되기에 이른 경우에는 관습헌법은 자연히 사멸하게 된다. 이와 같은 사멸을 인정하기 위하여서는 국민에 대한 종합적 의사의 확인으로서 국민투표 등 모두가 신뢰할 수 있는 방법이 고려될 여지도 있을 것이다. 그러나 이 사건의 경우에 이러한 사멸의 사정은 확인되지 않는다. 따라서 우리나라의 수도가 서울인 것은 우리 헌법상 관습헌법으로 정립된 사항이며 여기에는 아무런 사정의 변화도 없다고 할 것이므로 이를 폐지하기 위해서는 반드시 헌법개정의 절차에 의하여야 한다.

(2) 헌법 개정의 한계

헌법에 규정된 개정절차를 거치기만 하면 어떠한 조항이나 내용도 개정할 수 있는지, 즉 한계인정 여부와 그 한계를 인정한다면 그 내용은 무엇인지, 헌법개정의 한계를 일탈한 개별 헌법규정에 대한 위헌심사는 가능한지 등에 논의가 있다.

1) 한계인정 여부

개정 한계를 부정하는 견해(한계부정설)는 헌법에 규정된 개정절차를 밟기만 하면 어떠한 조항도 어떠한 내용도 개정할 수 있으며, 심지어 명문으로 개정을 금지하고 있는 조항까지도 개정할 수 있다고 한다.

그 논거로는 헌법의 현실적응성의 요청 즉, 사회변화에 따른 헌법 적응력을 제고하기 위해서는 헌법개정이 무한히 인정되어야 한다는 점, 헌법제정권력과 헌법개정권력의 주체가 모두 국민으로서 본질상 구별될 수 없고 상하관계가 존재하지 않는 점, 모든 헌법규정의 효력을 동일한 점(헌법규범등가론), 현실적으로 한계를 위반한 헌법개정을 하였을 경우 무효를 선언할 기관이 없는 점 등을 들고 있다.

개정한계를 긍정하는 견해(한계긍정설)는 헌법개정절차를 거치더라도 개정할 수 없는 헌법규정이나 내용이 있다는 것이다.

> ⚖️ **한계긍정설**
> 이 견해는 헌법규범 상호간에는 서열이 있어, 서열이 낮은 조항은 바꿀 수 있다고 보게 된다.

다수설에 의하면, 우리 헌법상에서 국민모두가 추구하는 가치인 인간의 존엄과 가치, 자유민주적 기본질서에 반하는 헌법개정은 할 수 없다고 본다.

2) 한계의 내용

우선 헌법이 정한 헌법개정절차에 따라야 한다는 의미에서 절차상 한계를 가진다. 현행 헌법의 경우 제128조 이하에 따라 헌법개정안을 제출하는 등 절차를 준수해야 한다.

다음 내용적 한계로서 헌법내재적한계, 실정법적 한계를 가진다. 헌법내재적 한계는 헌법에는 본질적으로 개정될 수 없는 한계가 내재되어 있다는 것을 의미하며 헌법제정권자인 국민의 기본적 합의사항이나 헌법의 기본적 동일성 내지 헌법의 본질적 내용을 훼손하는 개정은 허용되지 아니한다.

실정법상의 한계는 헌법이 명문으로 특정 조항이나 사항의 개정을 금지하는 경우를 의미한다.

> **실정법상 한계**
> 1954년 제2차 개정헌법 제98조 제6항에서 "제1조(국민주권), 제2조(민주공화국)와 제7조의 2(국민투표)의 규정은 개폐할 수 없다"는 조항이 그 예이다.

3) 개별 헌법규정에 대한 위헌심사는 가능한지

위헌적인 헌법규범에 대한 위헌심사(위헌법률심판, 헌법소원심판)가 가능한지에 대해 논의가 있다. 이에 관한 논의는 크게 실체법적 판단으로 헌법규범 상호간의 효력상의 차이를 인정할 수 있느냐는 문제와 만약 인정된다면 '위헌적 헌법규범'을 위헌법률심판이라는 현행제도를 통하여 다툴 수 있을 것이냐는 절차법적 판단의 문제와 관련된다. 이에 대해 헌법재판소는 부정설의 입장을 취하고 있다.

개별 헌법규정에 대한 위헌심사는 가능한지 여부

헌법재판소는 먼저 위헌법률심판의 대상성과 관련하여 "헌법 제111조 제1항 제1호, 제5호 및 헌법재판소법 제41조 제1항, 제68조 제2항은 위헌심사의 대상이 되는 규범을 '법률'로 명시하고 있으며, 여기서 '법률'이라 함은 국회의 의결을 거쳐 제정된 이른바 형식적 의미의 법률을 의미한다. (따라서 위와 같은 형식적 의미의 법률과 동일한 효력을 갖는 조약 등이 위헌심사의 대상에 포함되는 것은 별론으로 하고) 헌법의 개별규정 자체가 위헌심사의 대상이 될 수 없음은 위 각 규정의 문언에 의하여 명백하다"라며 위헌법률심판절차에 의한 구제가능성에 대해 부정적인 견해이다.

또한 "나아가 헌법은 그 전체로서 주권자인 국민의 결단 내지 국민적 합의의 결과라고 보아야 할 것"이라고 판시하여, 국민이 만든 헌법을 개정하는 것은 주권자인 국민만이 가능하다라고 이해할 수 있다.

헌법규범 상호간의 효력상의 우열 인정 여부와 관련하여서도 "헌법은 전문과 단순한 개별조항의 상호관련성이 없는 집합에 지나지 않는 것이 아니고 하나의 통일된 가치체계를 이루고 있으며 헌법의 제규정 가운데는 헌법의 근본가치를 보다 추상적으로 선언한 것도 있고 이를 보다 구체적으로 표현한 것도 있으므로, 이념적·논리적으로는 헌법규범상호간의 가치의 우열을 인정할 수 있을 것이다. 그러나 이 때 인정되는 헌법규범상호간의 우열은 추상적 가치규범의 구체화에 따른 것으로서 헌법의 통일적 해석을 위하여 유용한 정도를 넘어 헌법의 어느 특정규정이 다른 규정의 효력을 전면 부인할 수 있는 정도의 효력상의 차등을 의미하는 것이라고는 볼 수 없다."라고 판시하여 헌법규범 사이의 효력상의 차이를 인정할 수 없다고 보았다.(헌재 1996.6.13., 94헌바20)

제3항 _ 헌법의 변천

1. 헌법변천의 의의

(1) 의의와 구별 개념

<u>헌법변천이란</u> 특정의 헌법조항이 헌법에 규정된 개정절차에 따라 의식적으로 수정·변경되는 것(헌법개정)이 아니고, <u>당해 조문은 그대로 존속하면서 그 의미나 내용만이 실질적으로 변화하는 경우를 말한다</u>. 이는 헌법규범과 헌법현실 사이에 모순이 발생함으로써 성문헌법조항의 의미가 소멸하고, 그 대신 현실에 상응하는 새로운 의미내용의 헌법규범이 생성되는 경우를 의미한다.

<u>헌법의 변천을 인정하더라도 이를 무제한적으로 인정할 수는 없고 헌법의 규범력을 높이기 위해서는 헌법의 개정이 필요하다.</u>

(2) 요건

헌법변천은 장기간에 걸쳐 평온하게 반복·계속된 사실관계이며 그러한 일련의 사실이 유권해석기관에 의해 불변·명료하게 확립되어 있을 것을 요하며, 이러한 헌법적 실례에 대하여 제정헌법의 규범적 의미가 상실되고 그 사실에 규범으로서의 가치를 인정하는 법적 확신 내지는 국민적 합의가 존재해야 한다.

2. 헌법변천의 예

(1) 외국

미국의 경우 연방대법원이 1803년 Maubury v. Madison사건에서 마샬 대법원장의 판결을 계기로 헌법에 규정되지 않는 <u>위헌법률심사권</u>을 행사하는 것과 <u>일본</u>의 경우 일본헌법 제9조(평화헌법조항)는 일체의 전력보유를 금지하고 있으나 <u>자위대</u> 명목으로 사실상 군사력을 유지하는 것 등을 들 수 있다. 또한 <u>영국의 수상내각제</u>가 그 예이다.

> ⚖️ **영국의 수상내각제**
> 영국의 경우 최고지도자는 법조문상 영국여왕으로 되어 있지만, 오늘날 민주국가에서 여왕이 실질적으로 실권을 가질 수는 없다. 다만 실제 수상이 모든 것을 관리하지만 대외적으로 상징적으로 국가원수가 여왕이라는 의미를 갖게된다.

(2) 우리나라

1952년 <u>제1차 개정헌법에서 양원제를 규정했으나 단원제로 운용된 것</u>, 우리 <u>헌법 제3조의 통일조항과 제4조의 평화통일 조항의 모순·충돌관계</u>를 헌법변천으로 해결하려는 견해에 의하면 북한을 불법단체로 보았던 영토조항의 본래의 의미가 정치적 상황의 변화 등으로 인하여 남한만을 의미하거나, 아니면 통일한국의 영토를 의미하는 조항으로 실질적으로 변화하였다고 설명하고 있다.

3. 헌법변천의 한계

　헌법변천에 의해 헌법규범과 헌법현실의 괴리를 어느 정도 좁힐 수 있지만 이를 무제한 허용할 수는 없으며 헌법의 핵심적 부분이나 본질적 부분을 헌법변천에로 포섭시킬 수 없다. 따라서 이러한 경우에는 <u>헌법의 규범력을 높이기 위해서는 헌법 개정이 필요하다</u>. 즉 <u>헌법개정은 이른바 '헌법변천의 한계적 기능'을 담당하고 있는 것이다.</u>

> ⚖️ **헌법변천과 헌법개정**
> 헌법변천은 제한적으로 인정될 수 있을 뿐 헌법의 해석과 헌법개정의 한계를 초월할 수는 없다.

제4항 _ 헌법의 수호

1. 저항권

(1) 의의와 구별 개념

저항권이라 함은 헌법의 기본질서 또는 기본권 보장의 체계를 위협하거나 침해하는 공권력에 대하여 주권자로서의 국민이 헌법 기본질서를 유지·회복하고 기본권을 수호하기 위하여 공권력에 저항할 수 있는 비상수단적 권리를 말한다.

이에 반해 시민불복종은 단순히 정의에 반하는 내용의 개별법령이나 정책(낙태죄나 동성결혼금지 등)이 시행되는 경우에 행사할 수 있는 권리로서, 원칙적으로 비폭력적 방법으로 행사하는 것을 예정하고 있고, 별다른 제약조건 없이 행사할 수 있다는 점에서 저항권과 구별된다.

(2) 현행 헌법상 저항권의 인정여부

저항권에 관하여 직접적인 규정이 없는 현행 헌법 하에서 저항권의 법적성격과 관련하여 그 인정여부가 문제된다.

> ⚖️ **저항권**
> 헌법전문의 "불의에 항거한 4·19 민주이념을 계승하고"라고 한 것을 저항권에 관한 근거규정으로 보는 견해가 있다."

1) 대법원 판례

저항권이 존재한다 하더라도 <u>그 저항권이 실정법에 근거를 두지 못하고 오직 자연법에만 근거하고 있는 한 법관은 이를 재판규범으로 원용할 수 없다.</u>

> **김재규 사건**
>
> "현대 입헌 자유민주주의 국가의 헌법이론상 자연법에서 우러나온 자연권으로서의 소위 저항권이 헌법이나 실정법에 규정되어 있든 없든 간에 엄존하는 권리로 인정되어야 한다는 논지가 시인된다 하더라도 그 저항권이 실정법에 근거를 두지 못하고 오직 자연법에만 근거하고 있는 한 법관은 이를 재판규범으로 원용할 수 없다고 할 것인바, <u>헌법 및 법률에 저항권에 관하여 아무런 규정이 없는 우리나라의 현 단계에서는 저항권이론을 재판의 근거규범으로 채용·적용할 수 없다.</u>"(대판 1980.5.20. 80도306)

> ⚖️ **저항권의 목적**
>
> 저항권은 민주적 기본질서의 유지, 회복을 목적으로 저항할 수 있을 뿐, <u>기존의 위헌적인 정권을 물러나게 하기 위한 목적으로 행사할 수는 없다.</u>(×)
>
> "이른바 저항권적 상황에서 저항권의 행사에 의하여 <u>기존의 위헌적인 정권을 물러나게 함으로써 민주적 기본질서를 회복하고 그 이후에 민주적인 방법에 의한 집권을 하겠다는 취지로 해석할 여지가 없지는 않다.</u>"(헌재 2014.12.19. 2013헌다1)

2) 헌법재판소 판례

> **통합진보당 해산 사건**
>
> "<u>저항권은</u> 공권력의 행사자가 민주적 기본질서를 침해하거나 파괴

> 하려는 경우 이를 회복하기 위하여(이른바 저항권) 국민이 공권력에 대하여 폭력·비폭력, 적극적·소극적으로 저항할 수 있다는 국민의 권리이자 헌법수호제도를 의미한다. 하지만 저항권은 공권력의 행사에 대한 '실력적' 저항이어서 그 본질상 질서교란의 위험이 수반되므로, 저항권의 행사에는 개별 헌법조항에 대한 단순한 위반이 아닌 민주적 기본질서라는 전체적 질서에 대한 중대한 침해가 있거나 이를 파괴하려는 시도가 있어야 하고, 이미 유효한 구제수단이 남아 있지 않아야 한다는 보충성의 요건이 적용된다. 또한 그 행사는 민주적 기본질서의 유지, 회복이라는 소극적인 목적에 그쳐야 하고 정치적, 사회적, 경제적 체제를 개혁하기 위한 수단으로 이용될 수 없다."(헌재 2014.12.19, 2013헌다1)

(3) 행사 요건

1) 주체와 대상(객체)

저항권의 주체는 국민이고, 단체나 정당도 허용되나 국가기관이나 지방자치단체와 같은 공법인은 저항권행사의 주체가 될 수 없다. 저항권의 객체는 모든 공권력의 담당자이다.

2) 상황

민주적·법치국가적 기본질서를 전면적으로 부인하는 경우(헌법침해의 중대성)이며, 공권력 행사의 불법성이 객관적으로 명백하고(헌법침해의 명백성), 헌법이나 법률이 규정하는 모든 구제수단에 의해서도 목적을 달성할 수 없는 경우에 저항권이 최후의 수단으로 행사되어야 한다.(최후수단성 또는 보충성)

> ⚖️ **성공가능성**
> 저항권의 요건으로 '성공가능성'을 두는 경우에 이는 자칫 성공가능성을 엄격하게 적용할 경우 현재의 불법을 감수하고 오히려 그 체제를 강화시키는 것에 불과하다고 보아 부정하는 것이 다수의 입장이다.

3) 목적

저항권행사의 궁극적 목적은 인간의 존엄성존중을 이념으로 하는 민주주의적 헌법체제와 법치국가적 기본질서를 유지하고 수호하는 것이라야 한다. 따라서 이는 민주적 기본질서의 유지, 회복이라는 소극적인 목적에 그쳐야 하고, <u>사회경제적 체제를 개혁하기 위한 수단으로는 이용될 수 없다.</u>

4) 방법

저항권의 행사는 목적달성을 위한 <u>필요최소한에 국한</u>하여야 한다. 따라서 비례의 원칙에 따라 <u>원칙적으로 평화적 방법에 의하되</u> 목적달성이 불가능한 <u>예외적인 경우에는 폭력적 방법도 허용될 수 있다.</u>

(4) 효과

저항권의 행사는 <u>형법상 공무집행방해죄 등 범죄구성요건에 해당하는 경우에도</u>, 헌법보장을 위한 수단이면서 기본권 보장을 위한 기본권으로서의 성격을 내재한 것으로 <u>위법성조각사유에 해당</u>하므로 범죄가 성립되지 아니한다.

2. 방어적 민주주의

(1) 의의

방어적 민주주의란 민주적·법치국가적 헌법질서을 침해하는 세력으로부터 민주주의를 방어하기 위한 자기방어적 민주주의를 뜻한다.

이는 과거 독일에서 유태인들을 학살하는 나치의 지배처럼 "다수의 지지를 받았으므로 정당화될 수 있다는 것"은 잘못된 것이라는 반성에서 비롯된 것이다. 이러한 방어적 민주주의는 상대적 민주주의를 극복하고 민주주의 또는 기본권을 일정한 가치와 결부시켜 이해하는 가치구속적·가치지향적 민주주의관에서 나온 것이다.

> ⚖️ (가치)상대주의적 민주주의
> 상대적 민주주의는 "민주주의를 어떤 내용이 없는 국민의 다수의 지배"를 의미하였다.

(2) 방어적 민주주의의 성격과 기능

방어적 민주주의는 다수결로 해결가능하다는 가치상대적 민주주의를 바탕으로 하지만, 자유민주주의적 기본질서 등 일부 이념에 대해서는 가치구속적이다.

(3) 방어적 민주주의의 한계

방어적 민주주의를 적극적으로 적용하면 표현의 자유와 정당의 자유를 침해할 가능성이 크므로 방어적 민주주의는 소극적·방어적인 것이어야 하고 적극적인 것이거나 공격적인 것이어서는 안 되며, 과잉금지의 원칙에 따라 필요최소한에 한정되어야 한다.

(4) 방어적 민주주의의 수단

민주적 기본질서를 부정하는 정당을 해산시키고, 기본권을 실효시킴으로써 헌법을 수호할 수 있다.

1) 위헌정당해산제도

> **헌법 제8조 제4항**
>
> "정당의 목적이나 활동이 민주적 기본질서에 위배될 때에는 정부는 헌법재판소에 그 해산을 제소할 수 있고, 정당은 헌법재판소의 심판에 의하여 해산된다."
> - 위헌정당해산제도는 제3차 개정헌법(제2공화국 헌법)에서 처음 도입되었다.
> - 제1공화국 '진보당 해산 사건': 제1공화국 헌법에서는 위헌정당강제해산제도가 없었으므로 진보당은 사법기관에 의해 해산된 것이 아니고 공보실장의 해산명령으로 해산되었다.
> - 최근 '통합진보당의 해산': "정당해산심판 제도의 본질은 그 목적이나 활동이 민주적 기본질서에 위배되는 정당을 국민의 정치적 의사 형성과정에서 미리 배제함으로써 국민을 보호하고 헌법을 수호하기 위한 것이다. 어떠한 정당을 엄격한 요건 아래 위헌정당으로 판단하여 해산을 명하는 것은 헌법을 수호한다는 방어적 민주주의 관점에서 비롯되는 것이고, 이러한 비상상황에서는 국회의원의 국민대표성은 부득이 희생될 수밖에 없다."(헌재 2014.12.19. 2013헌다1)

2) 기본권 실효제도

독일헌법 제18조

"의사발표의 자유 특히 출판의 자유, 교수의 자유, 집회의 자유, 결사의 자유, 신서·우편·전신·전화의 비밀, 재산권을 자유민주적 기본질서를 공격하기 위하여 남용하는 자는 이 기본권들을 상실한다. 상실과 그 정도는 연방헌법재판소에 의하여 선고된다."
- 독일에서는 기본권 실효제도가 존재하나, 우리 헌법에는 기본권 실효제도가 규정되어 있지 않다.
- 다만 우리 민법 제924조에는 부모가 친권이 있음을 근거로 자녀를 학대하거나 해칠 경우 가정법원이 친권을 상실하거나 정지시키는 친권상실제도가 규정되어 있어 기본권 실효와 유사하지만, 이는 헌법이 아닌 민법에 규정되어 있다.

제2장
대한민국헌법의 역사

제1절 대한민국 헌정사

제1항 _ 헌정사 개관

헌정사 주요 사항

- 건국헌법 : 대통령제, 간선제, 부통령, 국무총리, 통제경제, 근로자의 이익균점권
- 제1차 개헌 : 발췌개헌, 직선제, 양원제, 공고의 문제
- 제2차 개헌 : 사사오입개헌, 3선 제한 철폐, 국민투표제 도입, 헌법개정의 한계, 군사법원 근거 신설, 국무총리제 폐지
- 제3차 개헌 : 의원내각제, 대법관선거, 헌법재판소 신설, 선거관리위원회 신설, 정당조항 신설, 직업공무원제도
- 제4차 개헌 : 부정선거 주모자 처벌
- 제5차 개헌 : 헌법 전문 개정, 대통령제, 무소속 출마금지
- 제6차 개헌 : 3선 개헌, 대통령 탄핵가중, 의원의 각료 겸임
- 제7차 개헌 : 대통령 연임 제한 폐지, 통일주체국민회의에서 대통령 선출, 국회의원 1/3 우선권, 모든 법관 임명권
- 제8차 개헌 : 7년 단임 간선제, 국고보조조항 신설
- 제9차 개헌 : 여·야 합의, 5년 단임, 직선제

1. 제헌 헌법과 1차 개헌

(1) 제헌헌법(1948.7.12. 건국헌법)

1) 제정과정

1948년 5·10 총선거에서 선출된 2년 임기의 국회의원 198명으로 구성된 제헌의회의 의결로 (국민투표로 확정하지 않고) 확정되었다. 초안은 의원내각제와 양원제국회를 내용으로 하였으나, 이승만과 미군정의 반대로 대통령제와 단원제 국회, 국무원제와 국무총리제를 반영한 헌법안이 1948년 7월 12일 국회를 통과하였고, 7월 17일 국회의장이 서명한 후 공포되었다. 건국헌법은 부칙의 규정에 따라 공포일로부터 시행되었다.

> ⚖️ **5·10 총선거**
> 당시 총선거에서 민족주의 세력은 반쪽짜리 선거에는 참여할 수 없다고 하여 참여하지 않았으며, 국회 의결로 뽑는 대통령 간선제에서 이승만이 대통령으로 당선되었다.

2) 내용

정부형태는 대통령제에 의원내각제요소를 추가한 형태이며, 통치구조는 대통령·부통령 국회간선제(임기 4년, 1차 중임), 국무원제(국무총리제 및 국무위원 개별책임제), 국회 단원제, 헌법위원회(위원장은 부통령, 대법관 5인과 국회의원 5인으로 구성되며 위헌법률심판을 담당)·탄핵재판소(재판장 부통령) 설치, 가예산제도를 규정하였다

기본권은 자유권 및 사회권의 보장(일반적 법률유보, 자유권에 대한 개별적 법률유보), 사기업에 있어서 근로자의 이익분배균점권 등을 규정하였다.

경제질서와 관련하여서는 사회화 경향(자연자원의 국유화 및 공공기업의 국공유화, 경자유전의 원칙)을 취하였다.

다만 정당조항이 없었으며 통일조항도 없었다.

> ⚖️ **사회적 기본권 규정**
> 당시 북한의 경우 무상몰수 무상분배 등의 사회개혁이 이루어져 있어서 남한의 경우에도 어느 정도 이를 수용할 수 밖에 없는 현실이었다.

(2) 1차 개헌(1952.7.7. 발췌개헌)

1) 개정과정

1950년 5월 국회의원 총선거에서 민족주의 계열이 대거 당선되자 의회에서 뽑는 간선으로는 이승만 대통령의 재선이 어렵게 되자 재집권을 위해 건국헌법의 대통령간선규정을 직선제로 하는 개헌안을 제출하였고, 이것이 부결되자, 여·야당 개헌안을 절충한 발췌개헌안이 통과되어 이는 발췌개헌이라고 한다.

국회공고와 독회절차가 생략되었고, 군대가 포위한 상태에서 자유로운 토론과 자유로운 의사결정을 할 수 없었다.(기립투표)

2) 내용

주요 내용으로는 대통령 직선제, 양원제 국회, 국회의 국무원불신임제도 도입, 국무위원 임명에 있어서 국무총리의 제청권 등이 있다.

> ⚖️ **양원제 국회**
> 하지만 실제로는 참의원을 두지 않아, 헌법변천이라 할 수 있다.

2. 2차 개헌(1954.11.27. 사사오입 개헌)

(1) 개정 과정

국회의원 총선거에서 여당이 다수의석을 차지하자 이승만 정권은 장기집권을 위해 대통령 중임제한 규정을 수정하는(초대 대통령에 한해 3선금지조항을 배제하는 규정을 둠) 2차 헌법개정안이 정족수에 미달하여 당초 부결되었으나, 4사5입의 수학적 계산 방법을 동원하여 통과시켰다.

> ⚖️ **사사오입 개헌**
> 재적 203명 중 135명 찬성으로 개헌에 재적의원 2/3에 1표가 부족(135.33)하여 부결 선포되었는데, 이를 충족시킨다는 주장에 따라 가결 선포하였다.

> ⚖️ **국무위원에 대한 개별적 불신임제**
> 민의원에서 국무위원에 대하여 불신임결의를 하였을 때에는 당해 국무위원은 즉시 사직하여야 한다.

(2) 내용

초대대통령의 중임제한 폐지(부칙), **국무총리제 폐지**, 국무원 연대책임제 폐지(국무위원에 대한 개별적 불신임제), 군법회의 헌법적 근거 부여, **국민투표제 도입(주권의 제약, 영토변경을 가져올 국가안위에 관한 중대사항)**, 경제체제를 자유시장경제체제로 전환, **헌법개정의 한계**(민주공화국, 국민주권, 주권제한 및 영토변경시 필수적 국민투표)에 대한 명문규정을 설정, **헌법개정안에 대한 국민발안**의 허용 등이 있다.

> ⚖️ **헌법개정에 대한 국민투표제**
> 헌법개정에 대한 국민투표제 도입은 제5차 개정헌법에서 도입되었다.

> ⚖️ **헌법개정에 관한 국민발안제**
> 제2차 개헌에서는 국민주권을 실질화한다는 명분으로 민의원 선거권자 50만명 찬성으로 헌법개정을 발의하는 국민발안제를 도입하였다.(대통령, 민의원 또는 참의원의 재적의원 3분의 1이상 또는 민의원 의원선거권자 50만인 이상의 찬성으로 헌법개정을 제안할 수 있다.)

3. 제3차 개헌(1960.6.15. 제2공화국 의원내각제 개헌)

(1) 개정과정

1960.3.15. 부정선거로 인해 촉발된 4.19혁명으로 이승만의 자유당 정권이 몰락하고 독재와 부정부패로 귀결된 대통령제에서 의원내각제로의 정부형태를 채택하게 되었다.

(2) 내용

주요내용으로는 수상이 내각수반이 되는 **의원내각제 채택**, 국회의 양원제(실제로 양원제 실시), 대통령의 국회간선제(5년, 1차 중임), **헌법재판소 신설**, 지방자치단체장의 선거제, **대법원장과 대법관 선거제**(법관자격이 있는 자로 조직된 선거인단), **중앙선거관리위원회의 헌법기관화**, 공무원의 정치적 중립성 보장(직업공무원제), 기본권 강화(개별적 법률유보조항을 삭제하고 일반적 법률유보조항·본질적 내용침해금지 신설), **정당조항 신설**(복수정당제 보장, 위헌정당강제해산제도) 등이다.

> ⚖️ **중앙선거관리위원회**
>
> 선거의 공정한 관리를 위해 독립된 헌법기관인 중앙선거관리위원회를 처음으로 규정하였다.
>
> 하지만 각급선거관리위원회는 1962년 제5차 개헌에서 규정하게 된다.

4. 제4차 개헌(1960.11.29)

(1) 개정과정

1960.3.15. 부정선거의 원흉과 이에 항거한 자들을 살상한 자에 대한 심판이 행해졌는데 법원에서 <u>적용할 법률이 없자 이들을 처벌할 수 있는 헌법적 근거를 마련하기 위한 헌법개정이 이루어지게 되었다.</u>

> ⚖️ **소급입법**
>
> 우리 헌법(제12조, 제13조)에 따르면 소급입법은 금지된다. 따라서 부정선거를 주도한 자들을 처벌하게 되면 헌법위반이 되므로, <u>소급하여 처벌할 수 있도록 헌법을 개정하게 된다.</u>

(2) 내용

1960년 3·15부정선거 관련자 및 4·19 혁명을 탄압하고자 살상행위를 한 자를 처벌하기 위한 특법법, 반민주행위자와 부정축재자 처벌을 위한 특별법 제정근거 및 이들 사건을 처리하기 위한 특별검찰부 특별재판소를 둘 수 있다는 것을 헌법 부칙에 규정하였다.

5. 제5차 개헌(1962.12.26. 제3공화국)

(1) 개정과정

1961년 5·16에 의해 수립된 쿠데타로 '군사혁명위원회'가 설치되고 곧 그 명칭이 '국가재건최고회의'로 바뀌었다. 여기서 '국가재건비상조치법'이 제정되었다. 비상조치법의 제정으로 정부는 총사퇴하였으며, 국회는 해산되고 헌법재판소는 기능이 정지되는 등 일대개혁이 일어났다. 제2공화국헌법은 비상조치법에 위배되지 않는 범위 내에서만 효력을 유지하고 있었다. '최고회의'는 '헌법심의위원회'를 구성하였는데, 동 위원회가 작성한 개헌안은 (국회가 아닌) 최고회의 의결을 거쳐 1962년 12월 국민투표에서 확정되었다.

> ⚖️ **제5차 개헌**
> 2공화국 당시 국민의 대표라고 할 수 있는 민의원, 참의원의 의결을 거치지 않은 채, 국가재건비상조치법상의 국민투표로만 개정하였다.

(2) 내용

주요내용으로는 헌법전문이 최초로 개정되었고("4·19 의거와 5·16 혁명의 이념에 입각"한다는 것을 명시), 기본권 강화(인간으로서의 존엄과 가치, 양심의 자유, 직업선택의 자유 조항, 인간다운 생활을 할 권리 조항 신설), 대통령제(직선제)로의 환원, 국무총리·국무위원 해임건의제, 단원제 국회, 헌법재판소를 폐지하고 위헌법률심사권을 대법원에 부여, 극단적인 정당국가를 지향하여 정당의 추천이 없으면 대통령·국회의원에 출마할 수 없었고, 당적을 이탈하거나 변경시 또는 소속정당이 해산된 때에는 의원직을 상실케 함, 대법원장 및 대법원 판사의 임명에 법관추천회의의 제청에 따르게 하였고, 헌법개정에 필수적 국민투표제 도입, 헌법개정안 제안권자에 대통령을 제외, 탄핵심판위원회 설치, 경제과학심의회와 국가안전보장회의를 신설하였다.

> ⚖️ **헌법전문 개정**
> 헌법 전문이 변경된 개헌은 제5차, 7차, 8차, 9차 개헌이다.

> ⚖️ **행복추구권**
> 1980년 제8차 개헌(제5공화국 헌법)에서 신설된다.

> ⚖️ **헌법개정안**
> 헌법개정안의 제안은 국회의 재적의원 3분의 1이상 또는 국회의원선거권자 50만인 이상의 찬성으로써 한다.(1962년 헌법 제121조)
> 헌법개정안은 국회가 의결한 후 60일이내에 국민투표에 붙여 국회의원선거권자 과반수의 투표와 투표자 과반수의 찬성을 얻어야 한다.

> ⚖️ **해임건의제(1962년 제5차 개헌)**
> 국무총리 국무위원에 대한 국회의 해임건의가 있을 때에는 대통령은 특별한 사유가 없는 한 이에 응하여야 한다.

6. 제6차 개헌(1969.10.21. 3선 개헌)

(1) 개정과정

1969년 8월 여당은 대통령의 연임회수연장을 골자로 하는 개헌안을 제출하였다. 즉 **대통령은 1차에 한하여 중임할 수 있다는 규정을 고쳐**("대통령의 계속 재임은 3기에 한한다") 박정희 대통령의 계속 집권을 가능하게 하였다. **개헌안의 국회 표결과 국민투표법안 의결을 새벽에 국회 제3별관에서 여당의원만이 참석한 가운데 강행하였고** 국민투표과정에서도 공무원의 관여 등 절차적 하자가 있었다.

(2) 내용

주요내용으로는 대통령의 계속 재임을 3기로 연장하였고, **대통령에 대한 탄핵소추의 정족수를 가중**(국회의원 50인 이상 발의와 재적의원 3분의 2이상의 찬성)하였으며, **국회의원 정수의 상한을 200명에서 250명으로 늘렸고(정수 증원)**, **국회의원의 국무위원겸직을 허용**하였다.

7. 제7차 개헌(1972.12.27. 유신헌법, 제4공화국)

(1) 개정과정

3선에 성공한 박정희 대통령은 북한의 남침위협 증대를 내세워 1971년 12월 6일 '국가비상사태'를 선포하고 12월 27일 국회는 야당의원들이 없는 상태에서 '국가보위에 관한 특별조치법'을 의결하였다. 1972년 7.4남북공동성명이 발표되어, 평화적 통일, 군사충돌방지, 남북교류 등의 움직임이 있었으나 갑자기 남북교류가

중단되면서 1972년 10월 17일 박정희 대통령은 전국에 **비상계엄을 선포**하고 10·17비상조치를 단행하였다. 비상조치는 **국회를 해산하고 정당 및 정치활동을 중지**시켰으며, 국회의 권한은 비상국무회의가 수행하도록 하였고, **조국의 평화적 통일을 지향하는 헌법개정안을 공고**하였다. 동년 10월에 공고된 개헌안은 11월 ○○○에 국민투표에 부의되어 확정되고 12월에 공포되었다.

(2) 내용

전문에서 **평화적 통일의 원칙**을 천명하고 **자유민주적 기본질서를 공고히 한다는 원칙**을 명시하였으며, **대통령의 평화통일을 위한 성실 의무를 규정**하였다.

주권의 행사방법을 처음으로 규정(국민은 그 대표자나 국민투표에 의하여 주권을 행사한다)하였고, **기본권의 약화**(기본권의 제한 요소로 국가안전보장 추가, 본질적 내용금지 삭제), **각종 기본권 보장을 제한**(군인·군무원 등의 이중배상청구를 금함, 근로3권의 범위를 크게 제한함), 통일주체국민회의를 신설(대통령과 국회의원 1/3을 선출하도록 하였고, 국회가 제안한 개헌안을 의결), **대통령의 임기는 6년이며, 중임이나 연임제한규정을 두지 아니하였다.**

> ⚖️ **1972년 헌법 제18조**
> 모든 국민은 법률에 의하지 아니하고는 언론 출판 집회 결사의 자유를 제한받지 아니한다.

> ⚖️ **개헌절차의 이원화**
> 대통령이 제안한 헌법개정안은 **국민투표**로 확정되며, 국회의원 재적과반수가 제안한 헌법개정안은 국회 재적의원 2/3이상의 의결을 거쳐 통일주체국민회의의 의결로 확정되도록 하였다.(1972년 헌법 제124조 제2항)

특히 대통령에게 국정조정자적 지위를 부여함으로써 영도적 대통령제를 취하였다. 이를 살펴보면 긴급조치권, 국회해산권, 국회의원 정수의 1/3의 추천권, 국민투표부의권, 모든 법관의 임명권을 대통령이 행사할 수 있도록 하였다.

또한 국회의 회기 단축(연 150일 이내), 국정감사권을 폐지, 법관을 징계처분에 의하여 파면할 수 있도록 하였고, 헌법재판권을 헌법위원회에 부여하였고, 헌법개정을 이원화(대통령이 제안한 경우에는 국민투표로, 의원이 제안한 경우에는 통일주체국민회의 의결로 확정토록 함)하고, 지방의회의 구성을 조국통일이 이루어 질 때까지 구성하지 않도록 규정함으로써 지방자치단체를 유명무실하게 하였다.

8. 제8차 개헌(1980.10.27. 제5공화국)

(1) 개정과정

1979년 10월 박정희대통령이 급서하자 최규하 총리가 대통령 권한을 대행하였으며 최규하 권한대행이 통일주체국민회의에서 대통령으로 선출되었다. 유신체제가 붕괴되면서 정치활동의 제한을 받았던 많은 정치인들이 해금되었지만, 신군부세력은 12·12사태(신군부세력인 전두환 소장 등이 당시 상관이던 정승화 육군참참모총장을 체포한 사건)로 군을 장악하고 1980년 5월 17일 비상계엄을 전국에 확대하였으며, 이에 항의하는 5·18 광주민주화운동에 대하여 무차별 학살을 자행하였다. 5·31 국가보위비상대책위원회가 설치되었고, 당시 전두환 국가보위비상대책위원회 상임위원회 위원장이 1980년 8월 27일 통일주체국민회의에서 대통령으로 선출되고 대통령에 취임하였다. 정부개헌심의위원회에서 확정된 헌법개정안은 1980년 10월 국민투표에 회부되어 확정되었다. 이 개정헌법은 부칙 제1조에 따라 공포일로부터 시행되었다. 새 헌법에 따라 국회는 해산되었고, 대신 국가보위입법회의가 만들어졌으며 새 헌법에 의한 국회가 구성할 때까지 입법권을 행사하였다.

(2) 내용

전통문화의 계승 발전과 민족문화의 창달, 재외국민 보호, 정당보조금 지급, 국군의 국가의 안전보장조항을 신설하였고, 기본권조항은 상대적으로 강화(행복추구권·연좌제 금지·사생활비밀·환경권·적정임금조항이 신설, 구속적부제의 부활, 언론·출판의 사회적 책임, 평생교육, 형사피고인의 무죄추정이 규정), 또한 대통령 간선제(통일주체국민회의를 폐지하고 대통령선거인단에 의해 선출, 임기 7년 단임), 전직 대통령의 예우조항, 국정자문회의, 평화통일정책자문회의 신설, 국정조사권을 신설, 일반법관의 임명권을 대법원장에게 부여, 경제질서에 대한 공법적 규제를 확대(독·과점의 규제와 조정, 소비자보호, 국가표준제도, 중소기업의 보호·육성, 농·어민·중소기업의 자조조직의 정치적 중립성 선언), 헌법개정절차의 일원화(국민투표로만 확정) 등이다.

9. 제9차 개헌(1987.10.27. 제6공화국)

(1) 개정과정

제5공화국 출범후 광주 민주화 운동 학살에 대한 해명 요구와 정통성 부재를 다투는 시위와 민주화의 요구 등 국민의 저항운동이 커지자 전두환 대통령은 1987년 4·13호헌조치(88올림픽 준비 등을 이유로 개헌은 올림픽 이후로 미루면서 기존의 헌법체제를 보호하는 조치의 담화 발표)를 단행하였다. 이로 인해 민주화 운동(6·10항쟁)이 거세게 일어나자, 당시 민정당 대표위원이었던 노태우에 의해 대통령직선제를 약속하는 6·29선언이 발표되었다. 이에 따라 여·야대표들로 구성된 8인정치회담이 개최되고, 이 회담에서 마련된 개헌안이 국회개헌특별위원회에서 채택되어 1987년 10월 국회가 의결하고 국민투표를 통과하여 확정되었다. 이 헌법은 부칙 제1조의 규정에 따라 1988년 2월 25일부터 시행되었다.

(2) 내용

대통령의 국민 직접선거제 채택(임기 5년 단임), 대통령의 권한 축소(국회해산권을 삭제하고 비상조치권을 긴급명령권으로 변경), 국회의 지위와 권한 강화(국정감사권 부활, 회기제한 삭제, 정기회를 100일로 연장 등), 대법관 임명의 국회 동의, 헌법위원회를 폐지하고 헌법재판소를 설치(헌법소원심판 신설), 재외국민보호의 의무화, 군의 정치적 중립 신설, 기본권 강화(적법절차 조항, 구속이유 등 고지제도 신설, 범죄피해자구조청구권 신설, 쾌적한 주거생활권, 최저임금제, 모성보호, 대학의 자율성 신설), 전문 개정(대한민국 임시정부의 법통 계승, 불의에 항거한 4·19 민주이념) 등이다.

제2항 _ 헌정사 주요 내용

개정헌법	내 용
건국헌법 (제헌헌법)	**제정** - 제헌의회 의결로 확정 **내용** ▸ 단원제 국회/ 의원내각제 요소를 가미한 대통령제(국무총리와 부통령이 같이 헌법에 규정됨) ▸ 통제경제, 자연자원의 원칙적 국유화와 공공성을 띤 기업의 원칙적 국·공영제, 공공필요에 의한 사기업의 국·공유화 ▸ 근로자의 이익분배균점권/ 생활무능력자 보호/ 혼인과 가족의 국가보호 ▸ 헌법위원회의 위헌법률심사권, 탄핵재판소의 탄핵심사권
제1차 헌법개정 (발췌개헌) (1952)	여·야당 개헌안을 가미한 발췌개헌의 형태 **내용** ▸ 대통령과 부통령의 직선제 ▸ 양원제 국회/ 국회의 국무원불신임제 ▸ 국무총리의 국무위원임명제청권 **위헌적 요소** ▸ 일사부재의 원칙 위배/ 국회공고와 독회절차 생략/ 의결의 강제
제2차 헌법개정 (사사오입 개헌)(1954)	▸ 초대대통령의 중임제한철폐, 국무총리제 폐지/ 국무원 연대책임제 폐지 ▸ 주권제약 또는 영토변경시 국민투표제 도입 ▸ 자유시장경제체제 도입, 군사재판의 헌법상 근거를 둠 ▸ 헌법개정의 국민발안제와 헌법개정한계 명시(민주공화국, 국민주권, 주권제한 및 영토변경의 국민투표)

	위헌적 요소 ▸ 초대대통령에 한하여 무제한 입후보허용은 평등원칙 위배/ 가부동수인 경우 부결로 간주해야 함에도 가결로 번복한 것은 소수자 보호정신에 위배
제3차 헌법개정 (1960 제2공화국)	**과정** - 4·19혁명 후 국회에서 개정 **내용** ▸ 기본권의 확대·강화 - 허가·검열금지 - 기본권의 본질적 내용의 침해금지조항 신설 ▸ 의원내각제/정당조항신설/공무원의 신분과 정치적 중립보장 ▸ 가예산제 폐지 준예산제/대법관선거제/헌법재판소 최초 규정 ▸ 중앙선거관리위원회의 헌법기관화
제4차 헌법개정 (1960)	3·15부정선거의 주모자들과 4·19혁명시 살상행위자 처벌의 헌법적 근거 형벌불소급/소급입법에 의한 참정권과 재산권 제한의 문제
제5차 헌법개정 (1962 제3공화국 헌법)	**과정** - 국가재건비상조치법에 근거 국민투표로 확정 **내용** ▸ 극단적 정당국가 - 당적 변경의원 및 해산정당 의원의 의원직 상실, 무소속의 국회의원·대통령 출마금지) ▸ 인간의 존엄성 존중조항 신설 ▸ 단원제 국회/대통령제/법관추천위원회 설치 ▸ 헌법재판소 폐지/법원의 위헌법률심사권/ 탄핵심판위원회의 탄핵심판권

제6차 헌법개정 (1969 3선개헌)	**과정** - 국회의결과 국민투표를 통해 개정 **내용** - 대통령의 <u>연임을 3기로 한정</u>/ 대통령에 대한 탄핵소추 발의와 의결정족수 가중 국회의원 정수 증원
제7차 헌법개정 (1972년 유신헌법, 제4공화국)	**과정** - 10·17 비상조치로 국회해산·정치활동금지/ 국민투표로 확정 **내용** ▸ 대통령권한강화 - <u>중임·연임제한규정폐지</u>/ 국회해산권과 국회의원 정수 1/3추천권/법관임명권/국회의 동의나 승인을 필요로 하지 않는 긴급조치권 ▸ 국회권한축소 - 국정감사권 폐지/연회기를 150일 이내로 단축 ▸ 법원권한축소 - 징계처분을 법관파면사유로 규정 ▸ 기본권 약화 - 본질적 내용침해금지조항 삭제/기본권제한사유로 국가안전보장 추가/구속적부심사제도 폐지/군인·군무원 등의 이중배상청구금지 신설 ▸ <u>헌법개정의 이원화</u> - <u>대통령이 제안한 경우 국민투표로 확정/국회가 제안한 경우 통일주체국민회의에서 확정</u> ▸ <u>주권행사방법규정</u> - 대한민국주권은 국민에게 있고 국민은 그 대표자나 국민투표에 의하여 주권을 행사한다
제8차 헌법개정 (1980. 제5공화국)	**과정** ⇨ 1979.10.26. 사태 ⇨ 12.12 사태 ⇨ 1980.5.17. 전국계엄확대

⇨ 국가보위비상대책위원회설치, 국회활동정지, 국회의 결없이 국민투표로 확정

내용
▸ 기본권 신설
- 행복추구권/연좌제금지/사생활 비밀과 자유의 불가침/ 환경권/적정임금조항/무죄추정의 원칙
▸ 대통령 임기조항의 개정변경금지/국정조사권신설·정당보조금지급/대법원장의 일반 법관임명권
▸ 독과점의 규제와 조정/소비자보호/종소기업육성보호
▸ 전통문화의 창달

제9차 헌법개정 (1987. 제6공화국)

과정
⇨ 1987.6월 항쟁 결과
⇨ 국회의결, 국민투표로 확정
⇨ 여야간 합의로 개정

내용
▸ 대통령 임기 5년 단임
▸ 국회해산권·비상조치권 삭제, 국정감사권 부활
▸ 국회의 국무총리, 국무위원에 대한 해임건의권
▸ 헌법재판소 설치(헌법소원심판 최초 규정)
▸ 구속이유 등 고지제도, 범죄피해자 국가구조청구권
▸ 최저임금제, 모성보호, 대학의 자율성
▸ 헌법전문에 대한민국 임시정부의 법통 계승 최초 규정

제2절 대한민국의 국가형태와 구성요소

제1항 _ 대한민국의 국가형태

1. 국가형태

일반적으로 국가는 국가권력의 행사를 직접 담당하는 다양한 국가기관으로 구성되는데 이런 국가기관들의 조직형태를 국가형태라고 한다. 국가형태는 주권의 소재에 따라 즉 주권을 군주가 갖느냐, 국민이 갖느냐에 따라 군주국과 공화국으로, 통치권의 분산유무에 따라 단일국가와 연방국가로 구분된다.

2. 헌법 제1조 제1항 민주공화국의 성격

헌법 제1조 제1항은 "대한민국은 민주공화국이다"라고 규정하여 우리나라의 국가형태가 '민주공화국'이라는 것을 밝히고 있다. 이는 세습적 국가권력의 담당자인 군주가 통치하는 군주제(독재) 배제를 의미하며, 민주공화국은 국가형태에 관한 국민의 기본적인 결단으로 헌법의 핵으로서 헌법개정의 한계에 해당한다.

제2항 _ 국가의 구성요소

엘리네크(G. Jellinek)의 국가3요소설에 의하면 국가는 국민·영토·주권으로 구성된다. 현행 헌법은 제1조 제2항에서 주권을, 제2조에서 국민을, 제3조에서 영역을 규정하고 있다.

> **제1조** ② 대한민국의 주권은 국민에게 있고, 모든 권력은 국민으로부터 나온다.
>
> **제2조** ① 대한민국의 국민이 되는 요건은 법률로 정한다.
> ② 국가는 법률이 정하는 바에 의하여 재외국민을 보호할 의무를 진다.
>
> **제3조** 대한민국의 영토는 한반도와 그 부속도서로 한다.

1. 주권

(1) 개념

주권이란 국가의사를 최종적으로 결정하는 권위로서 대내적으로는 최고의 권력을 대외적으로는 독립된 권력을 의미한다.

(2) 주권이론의 발전

초기의 주권이론은 군주를 견제하기 위한 국민주권이 아니라, 봉건영주 및 교회세력에 대하여 군주의 권위를 절대화시키기 위한 이론으로 시작되었다. 군주주권론을 주장한 보댕(J. Bodin)은 군주는 신의 대리자로서 절대적 권력을 가지며 특히 국민의 동의 없이 법률을 제정하고 공포할 권한을 가진다. 또한 홉스(T. Hobbes)는 모든 시민은 '만인의 만인에 대한 투쟁'의 상태에서 벗어나기 위해 사회계약(복종계약설)을 통하여 자신의 권리를 무조건적으로 군주에게 이양하여 주권자인 군주는 무제한적으로 법률을 제정, 개정, 폐지할 수 있는 반면에 그 자신은 법률에 구속되지 않는다고 한다.

> **의회주권론과 국가주권론**
>
> 군주주권론이 국민주권으로 넘어가는 과도기의 주권이론으로 의회주권론과 국가주권론이 있다.
>
> 영국에서는 군주세력의 약화와 더불어 귀족과 시민의 연합이라는 형태로 나타난 의회가 통치의 중심이 되면서 주권의 보유자는 군주가 아니라 의회라는 의회주권론이 대두되었다.
>
> 의회주권론은 의회제정법의 우위라는 사상을 중심으로 영국에서 점차 보편화되었고 의회의 민주화와 더불어 국민주권에 접근하는 형태로 발전하였다.
>
> 한편 독일에서는 군주권력이 여전히 강해 외견적 입헌주의의 성격을 벗어나지 못하여 국민주권을 성립시킬 정치적 상황이 성숙되지 못한 상황에서 당시 대립하고 있던 전제군주와 귀족·시민세력간의 타협의 산물로서 국가를 하나의 독립된 법인격으로 인정함을 바탕으로 법인으로서의 국가에 주권이 있다고 보는 국가주권론이 나타났다.

절대왕정이 시민혁명에 의해 붕괴되면서 국민주권론이 등장하게 되었다. 국민주권론은 루소(J. Rousseau)의 사회계약론에 그 근거를 찾을 수 있는데 이에 따르면 주권자는 사회계약의 당사자인 국민이고 주권은 '일반의사의 행사'이므로 양도될 수 없고 분할될 수도 없다.

이러한 국민주권론은 입헌주의의 초기단계에서는 시민계급들만 참여하는 참여권의 제한을 특징으로 하는 형식적인 것이었지만 오늘날에는 국민의 정치참여가 실질적으로 보장되는 실질적 국민주권의 이념으로 바뀌었다.(국민주권주의 참조)

2. 국민

(1) 개념

국민이란 국적을 가진 자연인으로 내국민과 재외국민을 말한다. 국적이란 국민으로서의 신분 또는 국민이 되는 자격을 의미한다.

(2) 국적단행법주의

우리나라는 헌법 제2조 제1항에서 "대한민국의 국민이 되는 요건은 **법률로 정한다**."라고 규정하고 있어 국적에 관한 형식적인 근거조항을 헌법에 명시하고 있고 구체적인 사항을 **국적법이라는 단행법을 제정하여 여기에서 국민의 국적취득과 변동, 상실 등을 규정**하고 있다. 즉 우리나라는 **국적법단행주의를 채택**하고 있다.

(3) 국적취득

1) 선천적 취득

우리나라는 선천적 취득으로 **부모양계혈통주의**(출생당시에 **부 또는 모가** 대한민국의 국민인 자는 출생한 때 대한민국 국적을 취득)에 기초한 **속인주의**를 원칙으로 하면서 예외적으로(대한민국에서 발견된 기아는 대한민국에서 출생한 것으로 추정)**속지주의**를 채택하고 있다.

2) 후천적 취득

① 인지에 의한 국적 취득

인지란 혼인 외의 출생자에 대하여 생부 또는 생모가 자기의 자식이라고 인정함으로써 법률상 친자관계를 발생시키는 행위를 말한다. 여기서 부 또는 모는 인지 시점뿐만 아니라 자의 출생당시에도 우리 국민이어야 한다.

② 귀화에 의한 국적 취득

귀화는 대한민국 국적을 취득한 사실이 없는 때 즉 우리나라 국민이었던 적이 없는 경우에 가능하다. 법무부장관은 귀화요건을 갖춘 자에게 귀화를 허가할 것인지 여부에 대한 재량권을 갖는다.(대판 2010.10.28. 2010두6496) 귀화하는 나라인 대한민국과 대상자 간에 일반적인 관계 이상의 관계가 여부 및 정도에 따라 일반귀화, 간이귀화, 특별귀화로 나뉜다.

③ 수반 취득

외국인의 자로서 대한민국의 민법상 미성년인 사람은 부 또는 모의 국적취득 시 미성년인 자의 별도의 신청을 통해 국적을 취득할 수 있다.

④ 국적회복에 의한 국적취득

과거 대한민국 국민이었던 외국인의 경우에는 국적회복을 통해 국적을 취득할 수 있다. 국적회복절차에는 국내 주소 요건이 없으며, 다만 병역을 기피할 목적으로 대한민국의 국적을 상실하였거나 이탈하였던 자, 국가나 사회에 위해를 끼친 사실이 있는 자, 품행이 단정하지 못한자 등은 법무부장관은 국적회복을 허가하지 아니한다.

(4) 대한민국 국적취득자의 외국국적 포기 의무와 재취득

1) 외국인의 대한민국 국적취득의 효과

대한민국 국적을 취득한 외국인으로서 외국 국적을 가지고 있

는 자는 대한민국 국적을 취득한 날부터 1년 내에 그 외국 국적을 포기하여야 한다. 1년 내에 이행하지 않을 경우에는 대한민국 국적을 상실한다.

2) 재취득

대한민국 국적을 상실한 외국인은 그 후 1년 내에 그 외국 국적을 포기하면 법무부장관에게 신고함으로써 대한민국 국적을 재취득할 수 있다.

(5) 대한민국 국민의 외국 국적 취득

1) 외국 국적 취득에 따른 국적 상실

대한민국의 국민으로서 외국 국적을 자진 취득한 경우 외국국적을 취득한 때 대한민국 국적을 자동 상실한다.

외국인과의 혼인, 입양, 인지, 우리나라 국적이 상실된 자의 배우자나 자녀로서 외국국적을 취득하게 된 자는 그 외국 국적을 취득한 때로부터 6개월 내에 법무부장관에게 대한민국 국적을 보유할 의사가 있다는 뜻을 신고하지 아니하면 그 외국 국적을 취득한때로 소급하여 대한민국 국적을 상실한 것으로 본다.

2) 국적 선택(복수국적 금지)

① 만 20세되기 전에 이중국적자가 된 경우에는 만 22세가 되기 전까지 국적을 선택하여야 하며, 만 20세가 된 이후에 이중국적자가 된 경우에는 외국국적을 취득한때로부터 2년 내에 선택하여야 한다.

② 다만 예외적으로 병역준비역에 편입된 자는 편입된 때로부터 3개월 이내에 하나의 국적을 선택해야 하며, 복무를 마치거나 마친 것

으로 보내 되는 경우, 제2국민역에 편입된 경우, 병역면제처분을 받은 경우에는 2년 이내에 하나의 국적을 선택하여야 한다.

3) 국적 상실자의 권리 변동

대한민국 국적을 상실한 자는 국적을 상실한 때부터 대한민국의 국민만이 누릴 수 있는 권리를 누릴 수 없다.

대한민국의 국민이었을 때 취득한 것으로서 양도할 수 있는 것은 그 권리와 관련된 법령에서 따로 정한 바가 없으면 3년 내에 대한민국의 국민에게 양도하여야 한다.

국적법

제1조(목적) 이 법은 대한민국의 국민이 되는 요건을 정함을 목적으로 한다.

제2조(출생에 의한 국적 취득) ① 다음 각 호의 어느 하나에 해당하는 자는 출생과 동시에 대한민국 국적(國籍)을 취득한다.
 1. 출생 당시에 부(父)또는 모(母)가 대한민국의 국민인 자
 2. 출생하기 전에 부가 사망한 경우에는 그 사망 당시에 부가 대한민국의 국민이었던 자
 3. 부모가 모두 분명하지 아니한 경우나 국적이 없는 경우에는 대한민국에서 출생한 자
 ② 대한민국에서 발견된 기아(棄兒)는 대한민국에서 출생한 것으로 추정한다.

제3조(인지에 의한 국적 취득) ① 대한민국의 국민이 아닌 자(이하 "외국인"이라 한다)로서 대한민국의 국민인 부 또는 모에 의하여 인지(認知)된 자가 다음 각 호의 요건을 모두 갖추면 법무부장관에게 신고함으로써 대한민국 국적을 취득할 수 있다.
 1. 대한민국의 「민법」상 미성년일 것
 2. 출생 당시에 부 또는 모가 대한민국의 국민이었을 것

② 제1항에 따라 신고한 자는 그 신고를 한 때에 대한민국 국적을 취득한다.
③ 제1항에 따른 신고 절차와 그 밖에 필요한 사항은 대통령령으로 정한다.

제4조(귀화에 의한 국적 취득) ① 대한민국 국적을 취득한 사실이 없는 외국인은 법무부장관의 귀화허가(歸化許可)를 받아 대한민국 국적을 취득할 수 있다.
② 법무부장관은 귀화허가 신청을 받으면 제5조부터 제7조까지의 귀화요건을 갖추었는지를 심사한 후 그 요건을 갖춘 사람에게만 귀화를 허가한다.
③ 제1항에 따라 귀화허가를 받은 사람은 법무부장관 앞에서 국민선서를 하고 귀화증서를 수여받은 때에 대한민국 국적을 취득한다. 다만, 법무부장관은 연령, 신체적·정신적 장애 등으로 국민선서의 의미를 이해할 수 없거나 이해한 것을 표현할 수 없다고 인정되는 사람에게는 국민선서를 면제할 수 있다.
④ 법무부장관은 제3항 본문에 따른 국민선서를 받고 귀화증서를 수여하는 업무와 같은 항 단서에 따른 국민선서의 면제 업무를 대통령령으로 정하는 바에 따라 지방출입국·외국인관서의 장에게 대행하게 할 수 있다.
⑤ 제1항부터 제4항까지에 따른 신청절차, 심사, 국민선서 및 귀화증서 수여와 그 대행 등에 관하여 필요한 사항은 대통령령으로 정한다.

제5조(일반귀화 요건) 외국인이 귀화허가를 받기 위해서는 제6조나 제7조에 해당하는 경우 외에는 다음 각 호의 요건을 갖추어야 한다. <개정 2017.12.19.>
  1. 5년 이상 계속하여 대한민국에 주소가 있을 것
  1의2. 대한민국에서 영주할 수 있는 체류자격을 가지고 있을 것
  2. 대한민국의 「민법」상 성년일 것
  3. 법령을 준수하는 등 법무부령으로 정하는 품행 단정의 요건을 갖출 것
  4. 자신의 자산(資産)이나 기능(技能)에 의하거나 생계를 같이하는 가족에 의존하여 생계를 유지할 능력이 있을 것
  5. 국어능력과 대한민국의 풍습에 대한 이해 등 대한민국 국민으로서의 기본 소양(素養)을 갖추고 있을 것

6. 귀화를 허가하는 것이 국가안전보장·질서유지 또는 공공복리를 해치지 아니한다고 법무부장관이 인정할 것

제6조(간이귀화 요건) ① 다음 각 호의 어느 하나에 해당하는 외국인으로서 대한민국에 3년 이상 계속하여 주소가 있는 사람은 제5조 제1호 및 제1호의2의 요건을 갖추지 아니하여도 귀화허가를 받을 수 있다.
　1. 부 또는 모가 대한민국의 국민이었던 사람
　2. 대한민국에서 출생한 사람으로서 부 또는 모가 대한민국에서 출생한 사람
　3. 대한민국 국민의 양자(養子)로서 입양 당시 대한민국의 「민법」상 성년이었던 사람
② 배우자가 대한민국의 국민인 외국인으로서 다음 각 호의 어느 하나에 해당하는 사람은 제5조 제1호 및 제1호의2의 요건을 갖추지 아니하여도 귀화허가를 받을 수 있다.
　1. 그 배우자와 혼인한 상태로 대한민국에 2년 이상 계속하여 주소가 있는 사람
　2. 그 배우자와 혼인한 후 3년이 지나고 혼인한 상태로 대한민국에 1년 이상 계속하여 주소가 있는 사람
　3. 제1호나 제2호의 기간을 채우지 못하였으나, 그 배우자와 혼인한 상태로 대한민국에 주소를 두고 있던 중 그 배우자의 사망이나 실종 또는 그 밖에 자신에게 책임이 없는 사유로 정상적인 혼인 생활을 할 수 없었던 사람으로서 제1호나 제2호의 잔여기간을 채웠고 법무부장관이 상당(相當)하다고 인정하는 사람
　4. 제1호나 제2호의 요건을 충족하지 못하였으나, 그 배우자와의 혼인에 따라 출생한 미성년의 자(子)를 양육하고 있거나 양육하여야 할 사람으로서 제1호나 제2호의 기간을 채웠고 법무부장관이 상당하다고 인정하는 사람

제7조(특별귀화 요건) ① 다음 각 호의 어느 하나에 해당하는 외국인으로서 대한민국에 주소가 있는 사람은 제5조 제1호·제1호의2·제2호 또는 제4호의 요건을 갖추지 아니하여도 귀화허가를 받을 수 있다.
　1. 부 또는 모가 대한민국의 국민인 사람. 다만, 양자로서 대한민국의 「민법」상 성년이 된 후에 입양된 사람은 제외한다.

2. 대한민국에 특별한 공로가 있는 사람
　3. 과학·경제·문화·체육 등 특정 분야에서 매우 우수한 능력을 보유한 사람으로서 대한민국의 국익에 기여할 것으로 인정되는 사람
② 제1항 제2호 및 제3호에 해당하는 사람을 정하는 기준 및 절차는 대통령령으로 정한다.

제8조(수반 취득) ① 외국인의 자(子)로서 대한민국의 「민법」상 미성년인 사람은 부 또는 모가 귀화허가를 신청할 때 함께 국적 취득을 신청할 수 있다.
② 제1항에 따라 국적 취득을 신청한 사람은 부 또는 모가 대한민국 국적을 취득한 때에 함께 대한민국 국적을 취득한다.
③ 제1항에 따른 신청절차와 그 밖에 필요한 사항은 대통령령으로 정한다.

제9조(국적회복에 의한 국적 취득) ① 대한민국의 국민이었던 외국인은 법무부장관의 국적회복허가(國籍回復許可)를 받아 대한민국 국적을 취득할 수 있다.
② 법무부장관은 국적회복허가 신청을 받으면 심사한 후 다음 각 호의 어느 하나에 해당하는 사람에게는 국적회복을 허가하지 아니한다.
　1. 국가나 사회에 위해(危害)를 끼친 사실이 있는 사람
　2. 품행이 단정하지 못한 사람
　3. 병역을 기피할 목적으로 대한민국 국적을 상실하였거나 이탈하였던 사람
　4. 국가안전보장·질서유지 또는 공공복리를 위하여 법무부장관이 국적회복을 허가하는 것이 적당하지 아니하다고 인정하는 사람
③ 제1항에 따라 국적회복허가를 받은 사람은 법무부장관 앞에서 국민선서를 하고 국적회복증서를 수여받은 때에 대한민국 국적을 취득한다. 다만, 법무부장관은 연령, 신체적·정신적 장애 등으로 국민선서의 의미를 이해할 수 없거나 이해한 것을 표현할 수 없다고 인정되는 사람에게는 국민선서를 면제할 수 있다.
④ 법무부장관은 제3항 본문에 따른 국민선서를 받고 국적회복증서를 수여하는 업무와 같은 항 단서에 따른 국민선서의 면제 업무를 대통령령으로 정하는 바에 따라 재외공관의 장 또는 지방출입국·외국인관서의 장에게 대행하게 할 수 있다.

⑤ 제1항부터 제4항까지에 따른 신청절차, 심사, 국민선서 및 국적회복 증서 수여와 그 대행 등에 관하여 필요한 사항은 대통령령으로 정한다.
⑥ 국적회복허가에 따른 수반(隨伴) 취득에 관하여는 제8조를 준용(準用)한다.

제10조(국적 취득자의 외국 국적 포기 의무) ① 대한민국 국적을 취득한 외국인으로서 외국 국적을 가지고 있는 자는 대한민국 국적을 취득한 날부터 1년 내에 그 외국 국적을 포기하여야 한다.
② 제1항에도 불구하고 다음 각 호의 어느 하나에 해당하는 자는 대한민국 국적을 취득한 날부터 1년 내에 외국 국적을 포기하거나 법무부장관이 정하는 바에 따라 대한민국에서 외국 국적을 행사하지 아니하겠다는 뜻을 법무부장관에게 서약하여야 한다.
  1. 귀화허가를 받은 때에 제6조 제2항 제1호·제2호 또는 제7조 제1항 제2호·제3호의 어느 하나에 해당하는 사유가 있는 자
  2. 제9조에 따라 국적회복허가를 받은 자로서 제7조 제1항 제2호 또는 제3호에 해당한다고 법무부장관이 인정하는 자
  3. 대한민국의「민법」상 성년이 되기 전에 외국인에게 입양된 후 외국 국적을 취득하고 외국에서 계속 거주하다가 제9조에 따라 국적회복허가를 받은 자
  4. 외국에서 거주하다가 영주할 목적으로 만 65세 이후에 입국하여 제9조에 따라 국적회복허가를 받은 자
  5. 본인의 뜻에도 불구하고 외국의 법률 및 제도로 인하여 제1항을 이행하기 어려운 자로서 대통령령으로 정하는 자
③ 제1항 또는 제2항을 이행하지 아니한 자는 그 기간이 지난 때에 대한민국 국적을 상실(喪失)한다.

제11조(국적의 재취득) ① 제10조 제3항에 따라 대한민국 국적을 상실한 자가 그 후 1년 내에 그 외국 국적을 포기하면 법무부장관에게 신고함으로써 대한민국 국적을 재취득할 수 있다.
② 제1항에 따라 신고한 자는 그 신고를 한 때에 대한민국 국적을 취득한다.
③ 제1항에 따른 신고 절차와 그 밖에 필요한 사항은 대통령령으로 정한다.

제11조의2(복수국적자의 법적 지위 등) ① 출생이나 그 밖에 이 법에 따라 대한민국 국적과 외국「국적을」함께 가지게 된 사람으로서 대통령령으로 정하는 사람[이하 "복수국적자"(複數國籍者)라 한다]는 대한민국의 법령 적용에서 대한민국 국민으로만 처우한다.
② 복수국적자가 관계 법령에 따라 외국 국적을 보유한 상태에서 직무를 수행할 수 없는 분야에 종사하려는 경우에는 외국 국적을 포기하여야 한다.
③ 중앙행정기관의 장이 복수국적자를 외국인과 동일하게 처우하는 내용으로 법령을 제정 또는 개정하려는 경우에는 미리 법무부장관과 협의하여야 한다.

제12조(복수국적자의 국적선택의무) ① 만 20세가 되기 전에 복수국적자가 된 자는 만 22세가 되기 전까지, 만 20세가 된 후에 복수국적자가 된 자는 그 때부터 2년 내에 제13조와 제14조에 따라 하나의 국적을 선택하여야 한다. 다만, 제10조 제2항에 따라 법무부장관에게 대한민국에서 외국 국적을 행사하지 아니하겠다는 뜻을 서약한 복수국적자는 제외한다.
② 제1항 본문에도 불구하고「병역법」제8조에 따라 병역준비역에 편입된 자는 편입된 때부터 3개월 이내에 하나의 국적을 선택하거나 제3항 각 호의 어느 하나에 해당하는 때부터 2년 이내에 하나의 국적을 선택하여야 한다. 다만, 제13조에 따라 대한민국 국적을 선택하려는 경우에는 제3항 각 호의 어느 하나에 해당하기 전에도 할 수 있다.
③ 직계존속(直系尊屬)이 외국에서 영주(永住)할 목적 없이 체류한 상태에서 출생한 자는 병역의무의 이행과 관련하여 다음 각 호의 어느 하나에 해당하는 경우에만 제14조에 따른 국적이탈신고를 할 수 있다.
　1. 현역·상근예비역 또는 보충역으로 복무를 마치거나 마친 것으로 보게 되는 경우
　2. 전시근로역에 편입된 경우
　3. 병역면제처분을 받은 경우

제13조(대한민국 국적의 선택 절차) ① 복수국적자로서 제12조 제1항 본문에 규정된 기간 내에 대한민국 국적을 선택하려는 자는 외국 국적을 포기하거나 법무부장관이 정하는 바에 따라 대한민국에서 외국 국적을 행

사하지 아니하겠다는 뜻을 서약하고 법무부장관에게 대한민국 국적을 선택한다는 뜻을 신고할 수 있다.
② 복수국적자로서 제12조 제1항 본문에 규정된 기간 후에 대한민국 국적을 선택하려는 자는 외국 국적을 포기한 경우에만 법무부장관에게 대한민국 국적을 선택한다는 뜻을 신고할 수 있다. 다만, 제12조 제3항 제1호의 경우에 해당하는 자는 그 경우에 해당하는 때부터 2년 이내에는 제1항에서 정한 방식으로 대한민국 국적을 선택한다는 뜻을 신고할 수 있다.
③ 제1항 및 제2항 단서에도 불구하고 출생 당시에 모가 자녀에게 외국 국적을 취득하게 할 목적으로 외국에서 체류 중이었던 사실이 인정되는 자는 외국 국적을 포기한 경우에만 대한민국 국적을 선택한다는 뜻을 신고할 수 있다.
④ 제1항부터 제3항까지의 규정에 따른 신고의 수리(受理) 요건, 신고 절차, 그 밖에 필요한 사항은 대통령령으로 정한다.

제14조(대한민국 국적의 이탈 요건 및 절차) ① 복수국적자로서 외국 국적을 선택하려는 자는 외국에 주소가 있는 경우에만 주소지 관할 재외공관의 장을 거쳐 법무부장관에게 대한민국 국적을 이탈한다는 뜻을 신고할 수 있다. 다만, 제12조 제2항 본문 또는 같은 조 제3항에 해당하는 자는 그 기간 이내에 또는 해당 사유가 발생한 때부터만 신고할 수 있다.
② 제1항에 따라 국적 이탈의 신고를 한 자는 법무부장관이 신고를 수리한 때에 대한민국 국적을 상실한다.
③ 제1항에 따른 신고 및 수리의 요건, 절차와 그 밖에 필요한 사항은 대통령령으로 정한다.

제14조의2(복수국적자에 대한 국적선택명령) ① 법무부장관은 복수국적자로서 제12조 제1항 또는 제2항에서 정한 기간 내에 국적을 선택하지 아니한 자에게 1년 내에 하나의 국적을 선택할 것을 명하여야 한다.
② 법무부장관은 복수국적자로서 제10조 제2항, 제13조 제1항 또는 같은 조 제2항 단서에 따라 대한민국에서 외국 국적을 행사하지 아니하겠다는 뜻을 서약한 자가 그 뜻에 현저히 반하는 행위를 한 경우에는 6개월 내에 하나의 국적을 선택할 것을 명할 수 있다.
③ 제1항 또는 제2항에 따라 국적선택의 명령을 받은 자가 대한민국 국

적을 선택하려면 외국 국적을 포기하여야 한다.
④ 제1항 또는 제2항에 따라 국적선택의 명령을 받고도 이를 따르지 아니한 자는 그 기간이 지난 때에 대한민국 국적을 상실한다.
⑤ 제1항 및 제2항에 따른 국적선택의 절차와 제2항에 따른 서약에 현저히 반하는 행위 유형은 대통령령으로 정한다.

제14조의3(대한민국 국적의 상실결정) ① 법무부장관은 복수국적자가 다음 각 호의 어느 하나의 사유에 해당하여 대한민국의 국적을 보유함이 현저히 부적합하다고 인정하는 경우에는 청문을 거쳐 대한민국 국적의 상실을 결정할 수 있다. 다만, 출생에 의하여 대한민국 국적을 취득한 자는 제외한다.
  1. 국가안보, 외교관계 및 국민경제 등에 있어서 대한민국의 국익에 반하는 행위를 하는 경우
  2. 대한민국의 사회질서 유지에 상당한 지장을 초래하는 행위로서 대통령령으로 정하는 경우
② 제1항에 따른 결정을 받은 자는 그 결정을 받은 때에 대한민국 국적을 상실한다.

제14조의4(복수국적자에 관한 통보의무 등) ① 공무원이 그 직무상 복수국적자를 발견하면 지체 없이 법무부장관에게 그 사실을 통보하여야 한다.
② 공무원이 그 직무상 복수국적자 여부를 확인할 필요가 있는 경우에는 당사자에게 질문을 하거나 필요한 자료의 제출을 요청할 수 있다.
③ 제1항에 따른 통보 절차는 대통령령으로 정한다.

제15조(외국 국적 취득에 따른 국적 상실) ① 대한민국의 국민으로서 자진하여 외국 국적을 취득한 자는 그 외국 국적을 취득한 때에 대한민국 국적을 상실한다.
② 대한민국의 국민으로서 다음 각 호의 어느 하나에 해당하는 자는 그 외국 국적을 취득한 때부터 6개월 내에 법무부장관에게 대한민국 국적을 보유할 의사가 있다는 뜻을 신고하지 아니하면 그 외국 국적을 취득한 때로 소급(遡及)하여 대한민국 국적을 상실한 것으로 본다.
  1. 외국인과의 혼인으로 그 배우자의 국적을 취득하게 된 자
  2. 외국인에게 입양되어 그 양부 또는 양모의 국적을 취득하게 된 자
  3. 외국인인 부 또는 모에게 인지되어 그 부 또는 모의 국적을 취득하

게 된 자

  4. 외국 국적을 취득하여 대한민국 국적을 상실하게 된 자의 배우자나 미성년의 자(子)로서 그 외국의 법률에 따라 함께 그 외국 국적을 취득하게 된 자

③ 외국 국적을 취득함으로써 대한민국 국적을 상실하게 된 자에 대하여 그 외국 국적의 취득일을 알 수 없으면 그가 사용하는 외국 여권의 최초 발급일에 그 외국 국적을 취득한 것으로 추정한다.

④ 제2항에 따른 신고 절차와 그 밖에 필요한 사항은 대통령령으로 정한다.

제16조(국적상실자의 처리) ① 대한민국 국적을 상실한 자(제14조에 따른 국적이탈의 신고를 한 자는 제외한다)는 법무부장관에게 국적상실신고를 하여야 한다.

② 공무원이 그 직무상 대한민국 국적을 상실한 자를 발견하면 지체 없이 법무부장관에게 그 사실을 통보하여야 한다.

③ 법무부장관은 그 직무상 대한민국 국적을 상실한 자를 발견하거나 제1항이나 제2항에 따라 국적상실의 신고나 통보를 받으면 가족관계등록 관서와 주민등록 관서에 통보하여야 한다.

④ 제1항부터 제3항까지의 규정에 따른 신고 및 통보의 절차와 그 밖에 필요한 사항은 대통령령으로 정한다.

제17조(관보 고시) ① 법무부장관은 대한민국 국적의 취득과 상실에 관한 사항이 발생하면 그 뜻을 관보에 고시(告示)하여야 한다.

② 제1항에 따라 관보에 고시할 사항은 대통령령으로 정한다.

제18조(국적상실자의 권리 변동) ① 대한민국 국적을 상실한 자는 국적을 상실한 때부터 대한민국의 국민만이 누릴 수 있는 권리를 누릴 수 없다.

② 제1항에 해당하는 권리 중 대한민국의 국민이었을 때 취득한 것으로서 양도(讓渡)할 수 있는 것은 그 권리와 관련된 법령에서 따로 정한 바가 없으면 3년 내에 대한민국의 국민에게 양도하여야 한다.

제19조(법정대리인이 하는 신고 등) 이 법에 규정된 신청이나 신고와 관련하여 그 신청이나 신고를 하려는 자가 15세 미만이면 법정대리인이 대신하여 이를 행한다.

> 제20조(국적 판정) ① 법무부장관은 대한민국 국적의 취득이나 보유 여부가 분명하지 아니한 자에 대하여 이를 심사한 후 판정할 수 있다.
> ② 제1항에 따른 심사 및 판정의 절차와 그 밖에 필요한 사항은 대통령령으로 정한다.
>
> 제21조(허가 등의 취소) ① 법무부장관은 거짓이나 그 밖의 부정한 방법으로 귀화허가나 국적회복허가 또는 국적보유판정을 받은 자에 대하여 그 허가 또는 판정을 취소할 수 있다.

(6) 재외국민의 보호

> 헌법 제2조 ② 국가는 법률이 정하는 바에 의하여 재외국민을 보호할 의무를 진다.
>
> 재외국민등록법 제2조 (등록대상) 외국의 일정한 지역에 계속하여 90일 이상 거주하거나 체류할 의사를 가지고 그 지역에 체류하는 대한민국 국민은 이 법에 따라 등록하여야 한다.
>
> 재외동포의 출입국과 법적 지위에 관한 법률 제2조(정의) 이 법에서 "재외동포"란 다음 각호의 어느 하나에 해당하는 자를 말한다.
> 1. 대한민국의 국민으로서 외국의 영주권을 취득한 자 또는 영주를 목적으로 외국에 거주하고 있는 자(이하 "재외국민"이라 한다.)
> 2. 대한민국의 국적을 보유하였던 자(대한민국정부 수립 전에 국외로 이주한 동포를 포함한다) 또는 그 직계비속으로서 외국국적을 취득한 자 중 대통령령으로 정하는 자(이하 "외국국적동포"라 한다.)

현행 헌법은 제2조 제2항에서 "국가는 법률이 정하는 바에 의하여 재외국민을 보호할 의무를 진다."고 규정하고 있다. 재외국민은 국가에 보호를 받는다는 소극적 규정은 제8차 개정헌법에도 규정되어 있으나, 국가의 적극적 보호 의무는 현행 헌법(9차 개헌)에서 규정되었다.

> ⚖️ **재외동포와 재외국민의 차이**(재외동포 > 재외국민)
> 재외동포는 외국국적동포와 재외국민을 포함하므로, 재외국민보다 넓은 개념이다.

3. 영역

(1) 개념

영역이란 국가의 법이 미치는 공간적 범위를 의미한다.

(2) 범위

영토는 토지로서 성립하는 국가영역으로서의 육지를 말한다. 영토를 헌법상 명시하는 국가(우리나라)도 있으나, 그렇지 아니한 나라(미국헌법)도 있다. 헌법 제3조에서 우리 영토는 '한반도와 그 부속도서'로 한다고 규정하고 있다.

영해는 영토에 접속한 일정한 범위의 해역, 기선으로부터 12해리까지의 수역이 원칙이지만(영해 및 접속수역법), 영해 및 접속수역법 시행령에 따라 대한해협의 영해는 3해리로 정하고 있다.

그리고 **접속수역**이란 영해측정기선으로부터 24해리에 이르는 수역에서 영해를 제외한 수역을 말한다.

배타적 경제수역이라 함은 영해측정기선으로부터 200해리를 초과하지 않는 수역에서 영해를 제외한 수역을 말하며 배타적 경제수역 내에서 국가는 일정한 권리(천연자원 탐사·개발·보존 및 관리권 등)를 가진다.

영공은 영토와 영해의 수직 상공을 말한다. 일반적으로 지배 가능한 상공에 한정된다고 보고 있다.

(3) 헌법 제3조와 제4조의 관계

헌법 제3조의 영토조항은 제헌헌법이래 계속 규정되어 왔고, 헌법 제4조("대한민국의 통일을 지향하며, 자유민주적 기본질서에 입각한 평화적 통일정책을 수립하고 이를 추진한다".) 평화통일조항은 1972년 유신헌법에서 평화통일조항을 전문 등에 규정한 이래 평화통일조항을 계속 규정해 오고 있다.

헌법 제3조에 따르면 대한민국 영토에 북한을 포함하고 있어 분단현실을 부인하지만, 한편 북한의 반국가단체성의 근거가 되며 국가보안법의 근거가 된다. 헌법 제4조의 평화통일조항은 북한을 민족적 공동체로 보는 논거가 되어 즉 북한을 평화적 통일을 위한 대화와 협력의 동반자로 보게 된다.

> **북한의 이중적 성격**
>
> 헌법재판소는 '남북교류협력에 관한 법률과 국가보안법의 관계'에 대해서 판단하면서 헌법 제3조와 제4조와 관련하여 "현 단계에 있어서의 북한은 조국의 평화적 통일을 위한 대화 협력의 동반자임과 동시에 대남적화노선을 고수하면서 우리 자유민주체제의 전복을 획책하고 있는 반국가단체라는 성격도 함께 갖고 있음이 엄연한 현실인 점에 비추어, 헌법 제4조가 천명하는 자유민주적 기본질서에 입각한 평화적 통일 정책을 수립하고 이를 추진하는 한편 국가의 안정을 위태롭게 하는 반국가활동을 규제하기 위한 법적 장치로서, 전자를 위하여는 남북교류협력에 관한 법률 등의 시행으로써 이에 대처하고 후자를 위하여는 국가보안법의 시행으로써 이에 대처하고 있는 것이다. 이와 같이 국가보안법과 남북교류협력에 관한 법률은 상호 그 입법목적과 규제대상을 달리히고 하고 있으며~"라고 판시하였다.(헌재 1993.7.29. 92헌바48)

(4) 북한주민의 법적 지위

영토조항의 해석은 북한주민이 대한민국 국민인지 여부와 관련되고 북한주민이 대한민국으로 귀순한 경우 이를 어떻게 처우할 것인가 하는 문제로 연계된다.

대법원 판례에 의하면 헌법의 영토조항에 비추어 <u>북한주민도 대한민국국적을 보유하는데 아무런 영향이 없다고 해석하여 별도의 국적취득절차 없이 당연히 대한민국 국적이 인정</u>되는 것으로 본다.(대판 1996.11.12. 96누1221)

(5) UN 가입

북한이 유엔에 가입하였다고 하여 우리나라가 북한을 국가로 승인한 것은 아니다. 이는 <u>유엔이라는 국제기구가 북한을 국가로 승인한 것에 불과하며, 가맹국과의 관계에 있어서도 당연히 상호간에 국가승인이 있었다고는 볼 수 없다.</u>

(6) 남북기본합의서

<u>남북합의서</u>는 남북관계를 '<u>나라와 나라 사이의 관계가 아닌</u>' 통일을 지향하는 과정에서 잠정적으로 형성되는 <u>특수관계</u>'임을 전제로 하여 이루어진 <u>합의문서</u>인바, 이는 한민족공동체 내부의 특수관계를 바탕으로 한 당국 간의 합의로서 <u>남북당국의 성의 있는 이행을 상호 약속하는 일종의 공동성명 또는 신사협정에 준하는 성격을 가짐</u>에 불과하다. 따라서 남북합의서로 북한의 반국가단체성이나 국가보안법의 필요성이 소멸되는 것은 아니다.

제3장
대한민국헌법의 기본 원리와 제도

제1절 대한민국헌법의 기본원리

헌법의 기본원리라 함은 **헌법의 이념적 기초로서 헌법의 전 영역에 관철되는 지도원리**를 의미한다. 이러한 원리는 단지 선언적인 것이 아닌 구속적인 것으로 **모든 법령을 해석하는 기준**이 된다. 또한 헌법의 기본원리는 **헌법과 국가의 정체성 및 성격을 구성하는 원리**로서 기본원리 중 하나라도 제거되는 경우에는 그 헌법은 더 이상 동일한 헌법이라고 할 수 없으므로 **헌법개정의 한계**가 된다. 우리 헌법의 기본원리 내지 기본질서로는 국민주권의 원리, 민주주의의 원리, 법치국가의 원리, 사회국가의 원리, 문화국가의 원리, 국제평화주의 등이 제시되고 있다.

제1항 _ 헌법전문

1. 의의

  헌법전문이라 함은 헌법의 본문 앞에 위치한 문장으로서 헌법전의 일부를 구성하는 헌법서문을 말한다. 헌법전문에는 헌법제정의 역사적 의미와 제정과정, 헌법제정의 목적과 제정권자, 헌법의 지도이념과 기본적 가치질서 등이 기술되어 있다. 모든 성문헌법이 전문을 두고 있는 것은 아니므로 헌법전문이 성문헌법의 필수적 요소는 아니다.

2. 헌법전문의 규범적 효력

(1) 인정 여부

  헌법전문은 그 내용이 이념적이고 추상적인 요소로 구성되어 있어 규범적 효력을 인정할 수 있을지에 대해서 논의가 있다. 이에 대해 헌법전문은 제정유래나 목적 등을 선언한 것에 지나지 않아 법적 구속력이 없다는 견해와 헌법전문은 헌법제정권력자의 결단, 사회통합의 방향과 목표가 내재되어 있으며 국가의 이념과 질서에 대한 기본적인 내용을 담고 있으므로 법적 구속력을 지닌다는 견해가 있다.

> **헌법전문의 규범적 효력**
>
> 헌법재판소는 "우리 헌법의 전문과 본문의 전체에 담겨있는 최고 이념은 국민주권주의와 자유민주주의에 입각한 입헌민주헌법의 본질적 기본원리에 기초하고 있다. 기타 헌법상의 제원칙이 여기에서 연유되는 것이므로 이는 헌법전을 비롯한 모든 법령해석의 기준이 되고, 입법형성권 행사의 한계와 정책결정의 방향을 제시하며, 나아가 모든 국가기관과 국민이 존중하고 지켜가야 하는 최고의 가치규범이다."(헌재 1989.9.8. 88헌가6)라고 판시하여 효력긍정설을 취하고 있다.

(2) 내용

1) 최고규범성

헌법전문은 국내법질서의 근본이념을 규정한 것으로 헌법의 본문 및 모든 법령에 우월하며 하위법들의 내용을 한정하는 등 타당성의 근거가 되는 최상위의 근본규범이 된다.

2) 법령해석기준

또한 헌법전문은 헌법 본문을 비롯한 모든 법령의 해석기준이 될 뿐만 아니라 구체적인 입법을 함에 있어 입법의 지침이 되기도 한다.

3) 재판규범성

한편 헌법전문의 규범성을 인정한다 하더라도 구체적 사건에 직접 적용될 수 있는 재판규범성을 갖는가에 대해서는 헌법전문의 추상성을 이유로 이를 부인하는 견해가 있으나, 헌법재판소는 구체적으로 소송에 적용될 수 있는 재판규범이 된다고 보았다.

> **국외강제동원 희생자 및 그 유족의 위로금 사건**(헌재 2015.12.23 2013헌바11)
>
> 헌법재판소는 사할린 지역 강제동원의 희생자의 범위를 1990.9.30. 까지 사망 또는 행방불명된 사람으로 제한하고 대한민국 국적을 갖고 있지 않은 유족을 위로금 지급대상에서 제외한 것은 합리적 이유가 있어 입법재량의 범위를 벗어난 것으로 볼 수 없으므로 심판대상조항이 "정의·인도와 동포애로써 민족의 단결을 공고히"할 것을 규정한 헌법 전문의 정신에 위배된다고 볼 수 없다고 판시하여, 헌법전문의 재판규범성을 인정한다.

4) 기본권 도출 불가

나아가 <u>헌법전문으로부터 구체적인 기본권을 도출할 수 있는가(기본권 도출가능성)가 문제된다.</u> 헌법은 가치규범으로서 기본권적 가치를 당연히 포함하므로 가능하다는 견해가 있지만 <u>헌법전문은 해석을 통해 헌법상 원리를 도출하는 것은 가능하지만 여기에서 기본권을 도출할 수는 없다</u>고 하는 견해가 일반적이다.

> **한일어업협정사건**(헌재 2001.3.21. 99헌마139·142)
>
> 헌법재판소는 '대한민국과 일본국 간의 어업에 관한 협정비준 등 위헌확인사건'에서 "'<u>헌법전문에 기재된 3.1정신'은 우리나라 헌법의 연혁적·이념적 기초로서 헌법이나 법률해석에서의 해석기준으로 작용한다고 할 수 있지만, 그에 기하여 곧바로 국민의 개별적 기본권성을 도출해낼 수는 없다</u>고 할 것이므로, 헌법소원의 대상인 '헌법상 보장된 기본권'에 해당하지 아니한다."라고 판시하였다.

5) 국가의 의무 도출

헌법전문에서 국민의 권리와 의무는 직접 도출할 수는 없지만, 국가의 의무는 도출될 수 있다.

> **독립유공자와 그 유족에 대한 예우**(헌재 2001.3.21. 99헌마139·142)
>
> - 헌법은 국가유공자 인정에 관하여 명문 규정을 두고 있지 않으나 전문에서 "3.1운동으로 건립된 대한민국 임시정부의 법통을 계승"한다고 선언하고 있다. 이는 대한민국이 일제에 항거한 독립운동가의 공헌과 희생을 바탕으로 이룩된 것임을 선언한 것이고, 그렇다면 국가는 일제로부터 조국의 자주독립을 위하여 공헌한 독립유공자와 그 유족에 대하여는 응분의 예우를 하여야 할 헌법적 의무를 지닌다.
> - 다만 국가보훈처장이 서훈 추천 신청자에 대한 서훈추천을 하여 주어야 할 헌법적 작위의무가 있다고는 할 수 없으므로, 서훈 추천을 거부한 것에 대하여 행정권의 부작위에 대한 헌법소원으로서 다툴 수 없다.

> **일본군 위안부들의 보호**(헌재 2011.8.30. 2006헌마789)
>
> 우리 헌법은 전문에서 "3·1운동으로 건립된 대한민국임시정부의 법통"의 계승을 천명하고 있는바, 헌법제정전의 일이라도 일본군 위안부로 강제동원되어 인간의 존엄과 가치가 말살된 상태에서 장기간 비극적 삶을 영위했던 피해자들의 훼손된 인간의 존엄과 가치를 회복시켜야 할 의무는 대한민국임시정부의 법통을 계승한 지금의 정부가 부담해야 하는 가장 근본적인 의무이다.

2. 헌법전문의 내용

　유구한 역사와 전통에 빛나는 우리 대한국민은 3·1운동으로 건립된 대한민국임시정부의 법통과 불의에 항거한 4·19민주이념을 계승하고, 조국의 민주개혁과 평화적 통일의 사명에 입각하여 정의·인도와 동포애로써 민족의 단결을 공고히 하고, 모든 사회적 폐습과 불의를 타파하며, 자율과 조화를 바탕으로 자유민주적 기본질서를 더욱 확고히 하여 정치·경제·사회·문화의 모든 영역에 있어서 각인의 기회를 균등히 하고, 능력을 최고도로 발휘하게 하며, 자유와 권리에 따르는 책임과 의무를 완수하게 하여, 안으로는 국민생활의 균등한 향상을 기하고 밖으로는 항구적인 세계평화와 인류공영에 이바지함으로써 우리들과 우리들의 자손의 안전과 자유와 행복을 영원히 확보할 것을 다짐하면서 1948년 7월 12일에 제정되고 8차에 걸쳐 개정된 헌법을 이제 국회의 의결을 거쳐 국민투표에 의하여 개정한다.

1987년 10월 29일

> **현행 헌법전문에 명문으로 규정되지 않은 것**
> 권력분립
> 민주공화국, 국가형태
> 5.16 혁명
> 침략전쟁부인
> 자유민주적 기본질서에 입각한 평화적 통일정책
> 국가의 전통문화계승과 발전, 민족문화 창달
> 개인의 자유와 창의
> 인간의 존엄과 가치
> 균형있는 국민경제의 성장 및 안정

제2항 _ 국민주권의 원리

> **제1조** ② 대한민국의 주권은 국민에게 있고, 모든 권력은 국민으로부터 나온다.

1. 국민주권원리의 의의

(1) 개념

국민주권의 원리라 함은 국가의 최고의사를 결정할 수 있는 원동력인 주권을 국민이 가진다는 것과 모든 국가권력의 정당성의 근거가 국민에게 있다는 원리를 말한다.

(2) 국민주권원리의 전개

절대왕정이 시민혁명에 의해 붕괴되면서 국민주권론이 등장하게 되었으며, 프랑스혁명의 과정에서 부르주아 이데올로기로 무장한 세력(nation 주권론, 대의제 옹호)과 민중 이데올로기로 무장한 세력(peuple 주권론, 직접민주제 옹호)간의 대립에서 부르주아 이데올로기로 무장한 세력이 승리하여 nation 주권론이 일반화되었다. 하지만 오늘날에는 현대국가의 헌법을 관통하는 지도원리로서의 국민주권원리를 상호 대립하는 국민주권론(nation 주권론)과 인민주권론(peuple 주권론)으로 대의제나 직접민주제를 설명하지 않고 실질적 국민주권론으로 설명하고 있다.

1) 국민주권론(nation 주권론)과 인민주권론(peuple 주권론)

국민주권론에는 다시 주권의 보유자 즉 국민의 개념, 주권위임의 방법과 성격 등을 어떻게 보느냐에 따라 국민주권론(nation 주권론)과 인민주권론(peuple 주권론)으로 나뉜다.

① 국민주권론(nation 주권론)

주권의 주체는 개인을 초월한 인격화된 전체국민이라는 견해이다. 전체로서의 국민의 주권은 대의제를 그 이상으로 하고, 권력분립을 전제로 한 무기속위임을 본질로 하며, 선거에의 참가는 주권자로서의 권리가 아닌 국민의 이름으로 국민에 대한 봉사로서 하는 하나의 기능 내지 의무를 의미하므로 제한선거도 인정되고, 대의제에 따라서 주권의 주체와 그 행사자가 분리되어 군주제와 결합할 수 있다고 한다.

> ⚖️ **선거에 참여가 권리인지 의무인지 여부**
> - 국민주권론에서는 대표자의 선출 없이는 국가기관이 구성되지 않으므로 선거가 반드시 필요하여, 선거의 참여는 '의무'이다. 반면에 인민주권론에서는 대표자의 선출 없이도 직접민주정이 가능하기 때문에 여기서 선거의 참여는 '권리'를 의미하게 된다.

② 인민주권론(peuple 주권론)

주권의 주체는 현실적이며 구체적인 개인, 즉 유권적 시민의 총체라는 견해이다. 따라서 개개인으로서의 국민이 주권을 직접 행사하는 직접민주제를 그 이상으로 하고, 권력분립을 부인하고 기속적 위임을 본질로 하며, 선거에의 참가는 그 주권을 행사하는 주권자의 권리를 의미하므로 제한선거는 인정되지 않고, 자동성의 원리에 따라 주권의 주체와 그 행사자는 대체로 일치하므로 군주제와 결합할 수 없다고 한다.

	nation 주권	peuple 주권
국민	이념적·추상적 국민	유권자의 총체
주권실현방법	대의제	직접민주제
위임의 성격	자유위임·무기속위임 -면책특권	명령위임·기속위임 -국민소환
주권의 주체와 행사자	분리	일치
권력분립	필수적 권력분립	권력분립을 전제하지 않음
선거	의무/제한선거	권리/보통선거

2) 형식적 국민주권론과 실질적 국민주권론

① 형식적 국민주권론

> **형식적 국민주권론**(헌재 1989.9.8. 88헌가6)
>
> 형식적 국민주권이론의 가장 중요하고 본질적인 특징은 국민을 개인으로서가 아니라 전체국민이라고 형식적이고 추상적으로 보는 점이다. …형식적 국민주권론은 선거라는 절차를 거쳐 선임된 국민대표의 어떤 의사결정이 바로 전체 국민의 의사결정인양 법적으로 의제되는 것으로 보기 때문에 대표자의 의사결정이 국민의 뜻에 반하더라도 아무런 법적 항변을 할 수 있는 실질적인 수단이 없다.

② 실질적 국민주권론

> **실질적 국민주권론**(헌재 1989.9.8. 88헌가6)
>
> 실질적·능동적 국민주권론은 국민이 실제에 있어서 현실적으로 국가의 최고의사를 결정함으로써 실질적으로 주인역할을 해야 된다는 실질적 생활용 국민주권이론이다. 실질적 국민주권을 실현하기 위한

선거제도와 민주적 참정권은 모든 국민이 평등하게 국민대표를 직접 선출하여 국정을 위임하는 보통선거제도이고, 그 반은 언론의 자유를 통한 여론정치로 민의를 국정에 반영하는 자유선거제도이다. 따라서 현대적 대표제에 있어서는 구시대의 권력독점적 순수대표제와는 달리 민의 반영을 최우선 과제로 반(半) 정도만 국민의 대표가 일을 하고 반(半) 정도는 국민의 민의가 정치에 반영된다는 이른바 반(半)대표제 또는 반 정도는 국민이 직접 정치에 참여한다는 의미의 반(半)직접제로 확립되고 있는 것이 현대 서구민주국가의 국민대표제의 실상이다.

2. 국민주권원리의 실현

현행 헌법상 실질적 국민주권은 합리적 선거제도(유권자들이 적절하게 주권을 행할 수 있도록 민주적 선거제도 마련), 정당제도(국민의 의사를 형성하고 국민의 의사에 의해 권력행위를 통제하는 기능을 하는 정당을 통해 입법과 국정수립과정에 참여), 지방자치제도(지방공동의 관심사를 주민 스스로가 결정, 처리하도록 함으로써 주민의 자치역량 배양), 직업공무원제도(직업공무원이 특정세력을 위한 공무원이 아니고 전체국민에 봉사하게 하는 공직제도)의 도입 등으로 구현되고 있다.

소선거구 다수대표제(헌재 2016.5.26. 2012헌마374)

지역구국회의원선거에 있어서 선거구선거관리위원회가 당해 국회의원지역구에서 유효투표의 다수를 얻은 자를 당선인으로 결정하도록 한 공직선거법 조항이 소선거구 다수대표제를 규정하여 다수의 사표가 발생한다 하더라도 그 이유만으로 헌법상 요구된 선거의 대표성의 본질이나 국민주권원리를 침해하고 있다고 할 수 없고, 평등권과 선거권을 침해한다고 할 수 없다.

제3항 _ 민주주의원리

1. 민주주의의 의의

(1) 개념

민주주의라 함은 자유와 평등의 기본가치를 실현하고자 국민이 주인이어야 하는 통치원리로서, 모든 국가권력의 정당성이 국민의 정치적 합의에 귀착되어야 한다는 것을 의미한다. 여기서 합의라는 것은 국민 전체의 단일한 의사의 합치가 아니라 가치상대주의를 전제로 한 다수결원리에 입각한 것을 말한다.

(2) 민주주의와 국민주권과의 관계

민주주의는 국민의 지배이어야 한다는 정치원리이다. 즉 국가권력의 정당성 및 국가권력의 창설과 행사가 국민의 정치적 합의에 귀착되어야 한다. 그리고 국민은 정치적 의사 형성에 참여해야 한다. 국민은 국민투표로서 직접적으로 정치에 참여할 수 있으며, 대표자를 선출함으로써 간접적으로 정치에 참여할 수 있다.

이러한 민주주의는 국민주권에 기초하고 있다. 국민주권이란 주권이 국민에게 있다는 원리를 말하는데, 근대국가형성에 결정적 역할을 담당했던 주권개념은 민주주의 원리와 결합되면서 국민주권을 만들어내었고 국민주권은 민주주의를 관철시키는 데 크게 기여하였다.

(3) 민주주의의 역사적 전개

민주주의는 국가권력의 간섭을 배제하고 시민의 자유를 옹호하는 시민계급에 의해 주장된 자유민주주의에서, 형식적 민주주의가 경제적 약자의 불평등을 해결하지 못한 것에 대한 반성으로 실질적인 평등을 지향한 사회민주주의로, 루소가 주장한 민주주의로서 치자와 피치자의 동일성을 강조하면서 국민에 의한 직접적인 통치권의 행사를 주장한 동일성 민주주의, 가치중립적인 입장으로 국민의 다양한 정치의사를 전제로 하여 다수결의 원칙에 따라 정하도록 하는 상대적 민주주의, 상대적 민주주의에 기초하고 있지만 민주주의를 파괴 침해하려는 세력으로부터 민주주의의 가치를 보호하려는 방어적 민주주의로 이어진다.

2. 민주주의의 내용

(1) 다원적 의사형성

민주주의에 있어서는 어떤 이념이나 사상 또는 정치적 신념을 가진 사람이든 단체이든 모두 다 정치과정에 자유롭게 참여할 수 있도록 정치과정이 개방되지 않으면 안 된다. 민주주의는 기본적으로 서로를 관용하는 가치상대주의에 기반하기 때문이다.

(2) 다수결 원칙

1) 의의

민주주의는 다양한 의견들이 서로 조화를 이루어 나가는 것인바 어떻게 이를 하나의 구속력 있는 의사로 형성할 것인가가 문제된다. **다수결원칙이란 다수의 의사를 공동체의 전체의사로 간주하는 공동제의 의사결정방법**을 말한다. 다만 다수결원칙은 민주주의 실현의 수단으로서의 원리이므로, **다수결원칙**은 서로간의 합의가 성립되지 않은 경우에 취하는 보충적인 민주주의 실현의 수단으로서 <u>이는 민주주의의 필연적 의사결정방식은 아니다</u>.

다수결 원칙의 정당화 근거로는 다수가 합리적 결정을 내릴 가능성이 높다는 견해, 다수는 스스로 승인하지 않는 행위를 강요당하지 않으므로 가능한 많은 사람이 자유로울 수 있다는 견해 등 다양한 근거가 논의된다.

2) 전제

한편 다수결에 의해 다수가 자기지배를 실현하고 있는 반면 소수는 반대로 자기 의사에 반하여 억압되고 있다고 볼 수 있으므로 다수결이 소수에 의해서도 받아들여지지 위해서는 기본적인 전제가 있어야 한다. 다수결이 적용되기 위해서는 **구성원 간의 평등**, **구성원의 동질성**, **공정한 경쟁조건** 등이 갖추어져야 한다.

3) 한계

다만 다수결에 따른 결정이 적절하지 않은 **국민주권, 자유** 등 민주주의 본질이나 **소수자의 존립과 객관적 진리** 등에 대해서는 **다수결의 대상이 되지 아니한다**.

소수보호제도인 것	소수보호제도가 아닌 것
특별의결정족수(가중정족수): 헌법개정 국회의결정족수(재적 2/3이상) 비례대표제 복수정당제 기본권조항(집회·결사의 자유, 종교·양심의 자유, 청원권 등) 임시회소집요구를 국회재적의원 1/4 이상의 찬성으로 할 수 있도록 한 것. 국회의원제명에 국회재적의원 2/3이상의 찬성을 요구 위헌법률심사제	헌법개정안 국회발의 정족수를 재적1/3에서 재적과반수로 가중한 것 다수대표제, 소선구제 봉쇄조항 일사부재의 원칙

제4항 _ 법치주의원리

1. 법치주의의 의의

법치주의라 함은 인치 즉 인간에 의한 자의적 통치가 아닌 법이라는 예측가능하고 객관적인 기준에 의한 통치를 뜻한다. 즉 국가권력은 법에 의해 행사되어야 한다는 것이다. 부연하면 국가가 국민의 자유와 권리를 제한하거나 국민에게 새로운 의무를 부과하려고 할 때에는 반드시 의회가 제정한 법률에 의하거나 또는 그에 근거가 있어야 한다는 원리를 의미한다.

2. 법치주의의 내용

(1) 법률의 법규창조력

국민의 권리의무를 규율하는 법규범을 정립하는 입법은 국회가 제정하는 형식적 법률에 의하여야 한다는 원칙을 말한다. 하지만 오늘날 법률 이외에 행정입법의 역할이 중요시되면서 그 실익은 감소하고 있다.

(2) 법률우위의 원칙

법률은 행정에 우월한 것이며 행정은 법률에 위반하여서는 아니 된다는 원칙이다. 법률우위의 원칙은 소극적으로 법률에 위반하는 행정작용의 금지를 의미한다.

(3) 법률유보의 원칙

행정권의 행사를 위해서는 법률에 그 근거를 두어야 한다는 원칙이다. 따라서 법률이 스스로 정해야 할 사항을 행정입법에 위임하는 것은 법률유보원칙에 위반된다.

> **법률유보원칙의 적용범위**(헌재 1999.5.27. 98헌바70)
>
> 오늘날 법률유보원칙은 단순히 행정작용이 법률에 근거를 두기만 하면 충분한 것이 아니라 국가공동체와 그 구성원에게 기본적이고도 중요한 의미를 갖는 영역, 특히 국민의 기본권 실현에 관련된 영역에 있어서는 행정에 맡길 것이 아니라 국민의 대표자인 입법자 스스로 그 본질적 사항에 대하여 결정하여야 한다는 요건까지 내포하는 것으로 이해하여야 한다.

3. 법치주의에서 파생되는 원리

(1) 명확성의 원칙

명확성의 원칙도 법치주의에서 도출된다. 명확성의 원칙이란 규범의 의미내용으로부터 무엇이 금지되는 행위이고 무엇이 허용되는 행위인지를 수범자가 인식할 수 있게 명확하게 규정되어야 한다는 것이다. 다시 말해 기본권을 제한하기 위해서는 법률에 근거하여야 하고, 그 근거 법률은 명확해야 한다는 것이다.

> **명확성 원칙에 반하는지 여부 기준**(헌재 2010.10.28. 2009헌마638)
>
> 명확성의 원칙이란 민주주의와 법치주의의 원리에 기초하여 모든 기본권제한 입법에 요구되는 원칙으로서 어떠한 법규범이 명확성원칙에 반하는지 여부는 그 법규범이 수범자에게 법규의 의미내용을 알 수 있도록 공정한 고지를 하여 예측가능성을 주고 있는지 여부와 그 법규범이 법을 해석·집행하는 기관에게 충분한 의미내용을 규율하여 자의적인 법해석이나 법집행이 배제되는지 여부, 다시 말하면 예측가능성 및 자의적 법집행 배제가 확보되는지 여부를 기준으로 판단할 수 있다. 그런데 법규범의 의미내용은 그 문언뿐만 아니라 입법목적이나 입법취지, 입법연혁, 그리고 법규범의 체계적 구조 등을 종합적으로 고려하는 해석방법에 의하여 구체화하게 되므로, 결국 법규범이 명확성원칙에 위반되는지 여부는 위와 같은 해석방법에 의하여 그 의미내용을 합리적으로 파악할 수 있는 해석기준을 얻을 수 있는지 여부에 달려 있다.

(2) 신뢰보호의 원칙

 신뢰보호의 원칙이란 국민이 법률적 규율이나 제도 또는 행정기관이 행한 결정의 정당성이나 존속성에 대하여 신뢰를 한 경우, 즉 국민이 합리적인 신뢰를 바탕으로 개인의 법적 지위를 형성해 왔을 때에는 국가는 그 신뢰를 보호해 주어야 한다는 원칙을 말한다. 이는 당사자의 법적 생활의 안정성을 확보할 필요성에서 도출되는 원칙이다.

1) 소급입법금지의 원칙

① 의의

 소급입법이란 법률이 법률의 공포일·시행일 이전의 과거의 사실관계, 법률관계에 적용되어 기존의 법적관계를 변경하는 것으로, 당사자의 신뢰에 큰 위협이 된다. 따라서 **헌법은 법치국가원리의 한 내용으로서** 법적 안정성 내지 **신뢰보호원칙에 따라 소급입법원을 원칙적으로 금지하고 있다.** 이는 권력자에 의해 사후에 제정된 법을 통해 과거의 사안을 자의적으로 규율함으로써 법적 신뢰를 깨트려지고 국민의 신뢰와 권리가 침해되는 것을 방지하기 위해서이다.

② 헌법적 근거

헌법 제13조 제2항 "모든 국민은 소급입법에 의하여 참정권의 제한을 받거나 재산권을 박탈당하지 아니한다."고 규정하여 **참정권과 재산권**에 대하여 특별히 규정하고 있지만 이는 주의적·선언적 규정에 지나지 아니하고, 동 조항이 없더라도 일반적으로 소급입법으로 제한되는 것은 법치국가원리로부터 도출되는 신뢰보호와 법적 안정성이므로 **소급입법금지원칙은 법치국가원리로부터 도출**된다.

2) 소급입법의 종류

① 진정소급입법

진정소급입법이란 과거에 이미 완성된 사실관계나 법률관계를 규율하는 입법을 말한다. 진정소급입법은 특단의 사정이 없는 한 원칙적으로 금지된다. 다만 진정소급입법이 허용되는 예외적인 경우로는 일반적으로, ⓐ 국민이 소급입법을 **예상할 수 있었거나**, ⓑ 법적 상태가 **불확실하고 혼란**스러웠거나 하여 보호할 만한 **신뢰의 이익이 적은 경우**와 ⓒ 소급입법에 의한 당사자의 **손실이 없거나 아주 경미한 경우**, 그리고 ⓓ 신뢰보호의 요청에 우선하는 **심히 중대한 공익상의 사유**가 소급입법을 정당화하는 경우를 들 수 있다.(헌재 1996.2.16. 96헌가2 등)

소급입법금지 이유와 소급입법에 대한 판단 정도(헌재 2013.9.26. 2013헌바170)

일반적으로 소급입법이 금지되는 주된 이유는 문제된 사안이 발생하기 전에 그 사안을 일반적으로 규율할 수 있는 입법을 통하여 행위시법으로 충분히 처리할 수 있었음에도 불구하고, 권력자에 의해 사후에 제정된 법을 통해 과거의 일들이 자의적으로 규율됨으로써 법적 신뢰가 깨뜨려지고 국민의 권리가 침해되는 것을 방지하기 위함이다. 따라서 소급입법이 예외적으로 허용되기 위해서는 '그럼에도 불구하고 소급입법을 허용할 수밖에 없는 공익상의 이유'가 인정되어야 한다. 이러한 필요성도 없이 단지 소급입법을 예상할 수 있었다는 사유만으로 소급입법을 허용하는 것은 헌법 제13조 제2항의 소급입법금지원칙을 형해화시킬 수 있으므로 예외사유에 해당하는지 여부는 매우 엄격하게 판단하여야 한다.

진정소급입법 관련 판례

- 친일반민족행위자 재산의 국고귀속(헌재 2011.3.31. 2008헌바141)

과거사 청산에 관한 입법들은 그 사안이 발생하기 이전에 일반적인 규율 체계를 갖출 수 없었던 경우가 대다수였다. 역사상 과거사 청산에 관한 다수 입법들에서 소급입법의 형식을 취하는 것이 용인되어 온 것도 같은 맥락이다. 예컨대, 우리 제헌헌법은 부칙 제101조에서 '이 헌법을 제정한 국회는 단기 4278년(서기 1945년) 8월 15일 이전의 악질적인 반민족행위를 처벌하는 특별법을 제정할 수 있다.'고 규정함으로써 이에 따라 일본정부와 통모하여 한일합병에 적극협력한 자, 한국의 주권을 침해하는 조약 또는 문서에 조인한 자와 모의한 자 등에 대한 중형과 재산의 몰수 등을 규정한 반민법을 제정한 바 있고, 세계 제2차 대전 당시 독일의 지배를 받았던 프랑스에서도 종전 후에는 나치의 괴뢰정권인 비시(Vichy)정부를 위해 복무한 자들과 나치협력자들을 소급적으로 처벌하였다. 그렇다면 일제 과거사 청산으로서의 친일재산 환수 문제는 그 시대적 배경에 비추어 역사적으로 매우 특수하고 이례적인 공동체적 과업이라 할 것이므로, 설령 이러한 소급입법의 합헌성을 인정한다고 하더라도 이를 계기로 진정소급입법이 빈번하게 발생해 그로 인한 폐해가 만연될 것이라는 일부의 우려는 충분히 불식될 수 있다. 따라서 이 사건 귀속조항은 진정소급입법에 해당하지만 소급입법을 예상할 수 있었던 예외적인 사안이고 진정소급입법을 통해 침해되는 법적 신뢰는 심각하다고 볼 수 없는 데 반해 이를 통해 달성되는 공익적 중대성은 압도적이라고 할 수 있으므로 진정소급입법이 허용되는 경우에 해당한다. 그러므로 이 사건 귀속조항이 진정소급입법이라는 이유만으로 위헌이라 할 수 없다.

– 전액 지급된 공무원의 퇴직연금의 일부 환수(헌재 2013.8.29. 2011헌바391)

재직 중의 사유로 금고 이상의 형을 선고받은 퇴직 공무원들은 2009. 1. 1.부터 2009. 12. 31.까지 퇴직연금을 감액 없이 전부 지급받았는데, 이는 전적으로 또는 상당부분 국회가 개선입법을 하지 않은 것에 기인하는 것이다. 이 점에 관하여 퇴직 공무원들에게 어떠한 잘못이나 책임이 있는 것이 아닌데도 그 기간 동안 지급받은 퇴직연금 등을 다시 환수하는 것은 국가기관의 잘못으로 인한 법집행의 책임을 퇴직공무원들에게 전가시키는 것으로 볼 수 있다. 그렇다면 그 기간 동안 퇴직연금 등을 온전히 지급받은 퇴직 공무원들이 뒤늦게 개정된 공무원연금법에서 이 사건 부칙조항을 두어 소급적으로 환수할 것까지는 예상하지 못하였다고 볼 수 있고, 소급적으로 환수당하지 않을 것에 대한 퇴직 공무원들의 신뢰이익이 적다고 할 수도 없다. … 따라서 이 사건 부칙조항은 헌법 제13조 제2항에서 금지하는 소급입법에 해당하며 예외적으로 소급입법이 허용되는 경우에도 해당하지 아니하므로, 소급입법금지원칙에 위반하여 청구인들의 재산권을 침해한다.

② 부진정소급입법

부진정소급입법이란 과거에 이미 시작되었지만 아직 완성되지 아니한 사실관계나 법률관계를 규율하는 입법을 의미하는 것으로, 헌법 제13조 제2항이 금지하는 것은 아니다. 그러나 이익형량을 통해 소급입법이 실현하려는 공익보다 제한되는 신뢰보호의 가치가 더 큰 경우에는 신뢰보호원칙에 위반되어 허용되지 아니한다.

> **부진정소급입법**(헌재 1995.10.28. 94헌바12)
>
> 부진정소급입법의 경우 구법질서에 대하여 기대했던 당사자의 신뢰보호보다는 광범위한 입법권자의 입법형성권을 경시해서는 안될 일이므로 특단의 사정이 없는 한 새 입법을 하면서 구법관계 내지 구법상의 기대이익을 존중하여야 할 의무가 발생하지 않는다. 그러나 새로운 입법을 통해 달성하고자 하는 공익적 목적이 신뢰보호의 가치보다 크지 않다면 정당화될 수 없다. 부진정소급효의 경우에 신뢰보호의 이익과 공익을 비교형량하여 판단하여야 할 것이다.

3) 시혜적소급입법

시혜적소급입법이란 혜택을 주는 법을 소급적용하는 것을 말한다. 소급입법과 신뢰보호원칙은 입법자가 법률개정을 통하여 부담을 부과하거나 급부를 축소하는 등의 방법을 통해 구법하에서 형성된 기존의 법적 지위를 불리하게 변경하는 경우에만 신뢰보호의 문제가 발생한다. 따라서 입법자가 법률개정을 통하여 개인의 부담을 완화하거나 급부를 확대하는 등 개인의 법적 지위를 유리하게 변경하는 경우에는 신뢰보호의 문제는 발생하지 않고, 단지 평등원칙의 위반여부만이 고려될 뿐이다.

> **시혜적소급입법**(헌재 1998.11.26. 97헌바67)
>
> 개정된 신법이 피적용자에게 유리한 경우에 이른바 시혜적인 소급입법을 하여야 한다는 입법자의 의무가 헌법상의 원칙들로부터 도출되지는 아니한다. 따라서 이러한 시혜적 소급입법을 할 것인지의 여부는 입법재량의 문제로서 그 판단은 일차적으로 입법기관에 맡겨져 있는 것이므로 이와 같은 시혜적 조치를 할 것인가를 결정함에 있어서는 국민의 권리를 제한하거나 새로운 의무를 부과하는 경우와는 달리 입법자에게 보다 광범위한 입법형성의 자유가 인정된다.

4) 경과규정과 신뢰보호

경과규정이란 구법에 대한 신뢰를 보호해 주기 위해 법을 개정하거나 신법을 도입할 때 신법에 적응할 수 있는 유예규정을 둔다든지, 구법을 적용한다든지 등의 신법을 원활하게 진행시키기 위한 조치를 정하는 규정을 말한다.

구법에 대한 신뢰가 정당하다면 법을 개정하거나 신법을 도입함에 있어 경과규정을 두는 것이 신뢰보호원칙상 바람직하다. 그러나 반드시 경과규정을 두어야 하는 것은 아니다.

제5항 _ 사회국가원리

1. 사회국가원리의 의의

사회국가원리라 함은 모든 국민에게 그 생활의 기본적 수요를 충족시킴으로써 건강하고 문화적인 생활을 영위할 수 있도록 하는 것이 국가의 책임이면서 그것에 대한 요구가 국민의 권리로서 인정되는 국가원리를 말한다.

2. 사회국가원리의 전개와 헌법적 수용방법

20세기에 접어들면서 사회적 생산의 분배를 둘러싼 노사간의 갈등과 대립이 심화되고 근로대중의 생존을 위협하는 사회적 빈곤이 일반화되자, 빈곤의 구제와 부의 공정한 배분을 위하여 자본주의적 경제질서의 수정과 사회적 개혁이 불가피하게 되었다. 이 때문에 종래의 경제적 자유방임주의에서 벗어나 국민의 생존을 배려하기 위한 부의 재분배정책과 국가에 의한 투자계획의 필요성 등을 주장하는 이론이 등장하게 되었다. 헬러(H. Heller)는 1930년 최초로 사회적 법치국가라는 개념을 사용하여 사회국가의 문제를 헌법적 차원에서 보기 시작하였다. 1919년 Weimar헌법은 사회적 기본권을 최초로 명문화함으로써 간접적으로 사회국가원리를 채택하였고(우리헌법이 채택), 1949년 독일기본법은 사회적 법치국가, 사회적 연방국가라는 용어를 사용하여 사회국가원리를 최초로 규정하게 되었다.

3. 사회국가원리의 법적 성격

(1) 규범적 성격 인정 여부

헌법이 사회국가원리를 규정하고 있다하더라도 헌법상의 사회국가조항은 국민에게 주관적 공권을 부여하는 것이 아니기 때문에 그것은 단순한 정치적 선언에 불과하여 규범적 성격을 부정하는 견해와 <u>사회국가조항의 헌법규범적 성격을 긍정하면서 모든 국가권력을 구속하는 국가목표규범에 해당한다고 보는 견해</u>가 있다. 이 견해에 의하면 국가는 헌법상 사회국가원리를 실현할 법적 의무를 진다.

(2) 규범적 의미

사회국가를 구체화시키는 <u>일차적 책임은 입법자에게 있다</u>. 사회국가원리를 실현하는 방법에 대하여는 <u>입법자에게 광범위한 입법형성의 자유가 있다</u>. 또한 행정청과 법원은 법규범을 해석 적용하고 재량권을 행사함에 있어서 사회국가원리를 해석의 기준이자 행위의 지침으로서 존중하고 고려해야 한다.

4. 사회국가원리의 구현

사회국가원리는 모든 국민의 실질적인 자유와 평등을 목표로 하며, 이를 위해 ① 완전 자유시장경제질서가 아닌 국가의 규제가 용인되는 사회적 시장경제질서의 확립 ② 생존권적 기본권(사회적 기본권) 보장 ③ 사회보장제도와 교육제도의 구비 ④ 사회적 강자의 재산권 행사와 계약의 자유에 대한 제한 등이 있다.

5. 사회국가원리의 한계

경제적·사회적 문제의 해결하는 데에는 인격의 자유로운 발전과 사회의 자율을 우선하여 <u>1차적으로 개인과 사회의 노력으로 이루어지도록하고, 그것이 가능하지 않을 때에 비로소 국가가 개입</u>해야 한다.(<u>보충성의 원리</u>에 의한 한계)

6. 사회국가원리와 급부청구권

우리 현행헌법은 사회적 기본권을 규정하고 있고 사회국가원리 규정은 없으므로 <u>사회국가원리로부터 주관적 권리를 도출할 필요성이 없으며, 사회국가원리는 주관적 권리가 아니므로 이에 대한 침해를 이유로 소를 제기할 수는 없다.</u> (사회적 기본권 침해를 이유로는 <u>헌법소원을 청구할 수 있다.</u>) 다만, <u>사회국가원리는 헌법상 국가권력을 구속하는 규범이라고 본다면 이를 <u>재판규범</u>으로서 원용할 수는 있다.

제6항 _ 경제적 기본질서

1. 개관

현대국가에서 경제조항은 헌법의 본질적인 내용에 해당하지만 19세기의 지배적 이념은 개인이 원하는 목적을 각기 추구하는 것이 결국 그가 속한 사회를 위한 최선의 결과로 귀결된다는 것이다. 국가의 역할은 질서와 안보 유지로 제한하며 개인은 국가의 간섭 없이 자유로운 경제활동을 해야 한다는 자유방임주의가 지배하여 헌법상 논의의 대상이 되지 못했다.

2. 현행헌법

(1) 경제적 기초

우리 헌법의 경제질서는 사유재산제를 바탕으로 하고 자유경쟁을 존중하는 자유시장 경제질서를 기본으로 하면서도 이에 수반되는 갖가지 모순을 제거하고 사회복지 사회정의를 실현하기 위하여 국가적 규제와 조정을 용인하는 사회적 시장경제질서로서의 성격을 띠고 있다. (헌재 1996.4.25. 92헌바47)

> **제119조** ① 대한민국의 경제질서는 개인과 기업의 경제상의 자유와 창의를 존중함을 기본으로 한다.
> ② 국가는 균형있는 국민경제의 성장 및 안정과 적정한 소득의 분배를 유지하고, 시장의 지배와 경제력의 남용을 방지하며, 경제주체간의 조화를 통한 경제의 민주화를 위하여 경제에 관한 규제와 조정을 할 수 있다.

(2) 내용

1) 사유재산제의 보장

헌법 제23조 제1항의 재산권 보장규정을 통해 <u>사유재산제를 경제질서의 기본으로 규정하고 있다.</u> 이는 생산수단의 사적 소유를 포함하여 자신의 재산에 대한 사용, 수익, 처분의 자유가 보장되며 상속과 증여도 보장한다.

2) 자유시장경제질서

헌법재판소는 헌법 제119조 제1항의 <u>개인과 기업의 자유와 창의 존중정신을 자유시장경제질서로 이해하고 있으며 이로부터 사유재산제도, 사적 자치의 원칙, 과실책임의 원칙을 도출한다.</u>(헌재 1998.5.28. 96헌가4)

3) 사회적 시장경제질서

<u>자유시장경제질서를 기본으로 하면서 헌법상 경제적 정의를 실현하기 위하여 국가가 보충적으로 경제에 관한 규제와 조정을 하는 경제질서를 의미한다.</u> 결국 우리 헌법은 자유시장 경제질서를 기본으로 하면서 사회국가원리를 수용하여 실질적인 자유와 평등을 아울러 달성하려는 것을 근본이념으로 하고 있는 것이다.

(3) 구체적 헌법조항

> **제120조** ① 광물 기타 중요한 지하자원·수산자원·수력과 경제상 이용할 수 있는 자연력은 <u>법률이 정하는 바에 의하여</u> 일정한 기간 그 채취·개발 또는 이용을 특허할 수 있다.
> ② 국토와 자원은 국가의 보호를 받으며, 국가는 그 균형있는 개발과 이용을 위하여 필요한 계획을 수립한다.

제121조 ① 국가는 농지에 관하여 경자유전의 원칙이 달성될 수 있도록 노력하여야 하며, 농지의 소작제도는 금지된다.
② 농업생산성의 제고와 농지의 합리적인 이용을 위하거나 불가피한 사정으로 발생하는 농지의 임대차와 위탁경영은 법률이 정하는 바에 의하여 인정된다.

제122조 국가는 국민 모두의 생산 및 생활의 기반이 되는 국토의 효율적이고 균형있는 이용·개발과 보전을 위하여 법률이 정하는 바에 의하여 그에 관한 필요한 제한과 의무를 과할 수 있다.

제123조 ① 국가는 농업 및 어업을 보호·육성하기 위하여 농·어촌종합개발과 그 지원등 필요한 계획을 수립·시행하여야 한다.
② 국가는 지역간의 균형있는 발전을 위하여 지역경제를 육성할 의무를 진다.
③ 국가는 중소기업을 보호·육성하여야 한다.
④ 국가는 농수산물의 수급균형과 유통구조의 개선에 노력하여 가격안정을 도모함으로써 농·어민의 이익을 보호한다.
⑤ 국가는 농·어민과 중소기업의 자조조직을 육성하여야 하며, 그 자율적 활동과 발전을 보장한다.

제124조 국가는 건전한 소비행위를 계도하고 생산품의 품질향상을 촉구하기 위한 소비자보호운동을 법률이 정하는 바에 의하여 보장한다.

제125조 국가는 대외무역을 육성하며, 이를 규제·조정할 수 있다.

제126조 국방상 또는 국민경제상 긴절한 필요로 인하여 법률이 정하는 경우를 제외하고는, 사영기업을 국유 또는 공유로 이전하거나 그 경영을 통제 또는 관리할 수 없다.

제127조 ① 국가는 과학기술의 혁신과 정보 및 인력의 개발을 통하여 국민경제의 발전에 노력하여야 한다.
② 국가는 국가표준제도를 확립한다.
③ 대통령은 제1항의 목적을 달성하기 위하여 필요한 자문기구를 둘 수 있다

헌법 조문에 없는 사항

- 한국은행 독립성
- 토지생산성제고
- 독과점의 규제와 조정
- 환경보호운동보장
- 사회국가원리
- 소비자의 권리
- 국토의 효율적이고 지속 가능한 개발과 보존

제7항 _ 문화국가원리

1. 개관

근대이전에는 국가가 문화를 포괄적으로 지배하는 상황이었으므로, 교육·학문·문학·예술 등 문화의 전분야가 그 자체로서 존재의의를 가질 수 없었다. 이 시기의 문화는 종속국가적 문화였다. 시민혁명을 계기로 문예부흥과 종교개혁이 전 유럽에 확산되면서 비로소 정치적·종교적 구속으로부터 벗어나 문화활동의 자유와 자율성이 인정되었다. 하지만 시장법칙의 부작용으로 문화의 경제종속성, 외래문화 범람, 문화적 불평등의 문제가 생기게 되었다.

이러한 문제를 시정하기 위하여 문화의 자율성 사고에 기초하여 국가와 문화의 관계를 새롭게 확정해야 할 필요성이 제기되었다. 문화국가의 원리란 국가로부터 문화활동의 자유가 보장되고 국가에 의하여 문화활동이 보호·지원되어야 한다는 헌법원리를 말한다.

> **제9조** 국가는 전통문화의 계승·발전과 민족문화의 창달에 노력하여야 한다.

2. 문화국가원리의 구현

(1) 문화의 자율성 보장

국가는 문화에 대한 중립적인 자세를 지켜야 한다. 즉 불편부당의 원칙에 따라 국가는 어떤 문화현상에 대하여도 이를 선호하거나 우대하는 경향을 보이지 않는 즉 어느 한 쪽으로 치우지지 않아야 하는 공정한 자세를 취하여야 한다.

(2) 문화의 보호육성

국가는 문화조성을 위해 개입할 수는 있으나 문화의 가치와 방향을 우선적으로 정해서는 아니된다. 즉 국가는 문화가 생성될 수 있는 조건을 보장하고 형성해야 하는 의무와 과제를 갖는다.

제8항 _ 국제평화주의

1. 개관

국제평화주의란 침략적 전쟁의 부인과 외국인의 지위보장, 국제법준수 등을 기초로 하여 국가간의 협력과 공존을 추구하는 원리를 말한다. 제2차 세계대전 이후 각국 헌법에서 국제평화주의를 다양한 형태(일본헌법 제9조는 일체의 전쟁포기와 군비자체의 금지, 독일기본법 제26조 제1항은 국가간의 평화적 공존을 교란하는 행위금지, 제4조에서 양심적 병역거부권 보장)로 채택하였다.

> **헌법전문** "~항구적인 세계평화와 인류공영에 이바지함으로써~"
>
> **제5조** ① 대한민국은 국제평화의 유지에 노력하고 침략적 전쟁을 부인한다.

제6조 ① 헌법에 의하여 체결·공포된 조약과 일반적으로 승인된 국제법규는 국내법(국내법률 ×)과 같은 효력을 가진다.
② 외국인은 국제법과 조약이 정하는 바에 의하여 그 지위가 보장된다.

2. 현행헌법의 국제법 질서 존중

(1) 국제법과 국내법과의 관계

1) 이원론

양자를 별개의 법체계로 이해하므로 국내법으로 변형시키는 절차가 요구된다. 양자는 별개이므로 국내법과 국제법의 우위여부가 문제되지 않는다.

2) 일원론

국내법과 국제법이 동일한 법질서에 속하는 입장으로, 국제법과 국내법의 우위문제가 발생한다. 우리 헌법 제6조 제1항은 조약이 바로 국내법과 같은 효력을 가진다고 규정하여 일원론을 취하고 있다.

(2) 조약

1) 개념

조약이란 그 명칭(조약·규약·헌장·규정·협정·협약·의정서·교환각서·양해각서·합의의사록 등)과 관계없이 국가, 국제기구 등 국제법 주체 사이에 권리의무관계를 창출하기 위한 문서에 의한 합의를 말한다.

2) 조약의 성립절차

① 서명

일반적으로 전권대사가 조약에 대한 합의 성립을 최종적으로 확인하는 행위를 서명이라 한다.

② 국회동의

> 제60조 ① 국회는 상호원조 또는 안전보장에 관한 조약, 중요한 국제조직에 관한 조약, 우호통상항해조약, 주권의 제약에 관한 조약, 강화조약, 국가나 국민에게 중대한 재정적 부담을 지우는 조약 또는 입법사항에 관한 조약의 체결·비준에 대한 동의권을 가진다.
> ② 국회는 선전포고, 국군의 외국에의 파견 또는 외국군대의 대한민국 영역안에서의 주류에 대한 동의권을 가진다.

국회의 동의는 전권대사의 서명 후 대통령의 비준 전에 받아야 한다. 조약은 국민의 권리와 의무 부과 및 국가의 중요사항에 대한 의사결정을 포함하므로 국민의 대표인 국회의 동의가 필요하다.

> ⚖️ **국회동의가 필요한 조약**
> 제60조 제1항에 열거된 조약은 국회의 동의가 필요하나 문화협정, 비자협정과 같이 행정 협조적 기술적 조약은 국회의 동의가 필요 없다.

③ 국무회의 심의

모든 조약은 반드시 국무회의 심의를 받아야 한다.

④ 대통령 비준

전권대사가 서명한 조약을 조약체결권자인 대통령이 최종적으로 확인하는 행위를 비준이라고 한다.

> **제73조** 대통령은 조약을 체결·비준하고, 외교사절을 신임·접수 또는 파견하며, 선전포고와 강화를 한다.

⑤ 효력발생

대통령이 공포한 후 특별한 규정이 없는 한 20일이 지나면 효력을 가진다.

3) 조약의 효력

국내법(법률, 명령)과 같은 효력을 가진다.

① 국회동의를 요하는 조약

국회동의를 요하는 조약은 내용이 법률로 제정되어야 할 사항이고 절차가 입법절차와 같으므로 법률의 효력을 가진다.

② 국회동의를 요하지 않는 조약

국회동의를 요하지 않는 조약은 국내법률의 입법절차와 동일하지 않으므로 명령의 효력을 가진다.

4) 조약의 규범통제

조약이 헌법과 충돌하는 경우, 조약은 헌법보다 하위의 효력을 가지므로 조약에 대한 사법심사 즉 조약에 대한 위헌·위법심사가 가능하다고 본다.

① 국회동의를 요하는 조약

이때의 조약은 국내 법률과 동일한 효력을 가지므로 헌법재판소가 심판을 담당하며 헌법재판소의 위헌법률심사, 헌법소원 심판의 대상이 된다.

② 국회동의를 요하지 않는 조약

이때의 조약은 명령과 같은 효력을 가지므로, 헌법 제107조 제2항에 따른 각급 법원의 명령·규칙 심사의 대상이 되며 대법원이 최종심사권을 가진다.

(3) 일반적으로 승인된 국제법규

1) 개념

일반적으로 승인된 국제법규란 세계 대부분의 국가가 인정하는 국제관습법과 일반적으로 국제사회에서 인정된 조약을 말한다. 따라서 일반적으로 승인된 국제법규인지의 판단에 있어 우리나라의 승인여부는 그 기준이 아니다.

2) 종류

① 국제관습법

전쟁의 일반원칙, 조약준수의 원칙, 민족자결의 원칙, 대사나 공사등의 법적 지위에 관한 제원칙 등

② 국제법규

UN헌장, 부전조약, 국제인권규약, 제네바협정, Genoside(집단학살)금지협정 등

3) 절차 및 효력, 사법심사

일반적으로 승인된 국제법규는 국회의 동의, 대통령 비준과 같은 수용 절차 없이 헌법 제6조 제1항에 근거하여 직접 국내법으로

편입되며 국내법과 동일한 효력이 발생한다. 일반적으로 승인된 국제법규인지는 구체적 사건에서 각급법원이 판단하고 최종적으로 대법원이 판단한다. 법률적 효력이 있는 국제법규의 위헌여부에 대해서는 헌법재판소가 심판한다.

(4) 외국인의 법적 지위 보장

1) 외국인의 의의

외국인이라 함은 대한민국의 국적이 없는 자를 모두 포괄하는 개념으로서 외국국적의 보유자뿐만 아니라 무국적자도 포함한다.

2) 상호주의의 원칙

외국인 보호에 관한 입법례는 내·외국인 평등주의와 상호주의가 있으며, 우리나라는 상호주의를 취하고 있다. 따라서 외국인을 모두 동등하게 대우해야 되는 것은 아니다.

제2절 대한민국헌법의 기본제도

제1항 _ 제도적 보장

1. 개념

제도적 보장은 국가존립의 기반이 되는 일정한 법·정치·경제·사회·문화적 제도를 헌법적 수준에서 보장함으로써 당해 제도의 본질을 유지하려는 것이다.

2. 의의

제도적 보장은 객관적 제도를 헌법에 규정하여 당해 제도의 본질을 유지하려는 것으로 헌법제정권자가 특히 중요하고도 가치가 있어서 헌법적으로 보장할 필요가 있다고 생각하는 국가제도를 헌법에 규정함으로써 장래 법발전 법형성의 방침과 범주를 미리 규율하려는 데 있다.

3. 성격

제도적 보장은 입법권, 집행권, 사법권을 구속하므로 재판규범으로서의 성격을 갖는다. 다만 제도적 보장은 주관적 권리가 아니므로 제도 그 자체를 직접 근거로 하여 개인의 권리보호를 위한 소를 제기할 수는 없다.

4. 내용

(1) 본질적 내용 보장

기본제도는 전국가적인 것이 아니고 역사적 전통적으로 형성된 객관적 질서이다. 그리고 구체적 내용은 법률에 의해서 규율된다. 헌법이 보장하려는 것은 특정한 제도의 본질적 내용이다.

헌법에 의하여 일정한 제도가 보장되면 입법자는 그 제도를 설정하고 유지할 입법의무를 지게 될 뿐만 아니라 헌법에 규정되어 있기 때문에 법률로써 이를 폐지할 수 없고, 비록 내용을 제한한다고 하더라도 그 본질적 내용을 침해할 수는 없다.

(2) 최소한의 보장

하지만 제도적 보장은 '최대한의 보장의 원칙'이 적용되는 기본권 보장과는 달리 그 본질적 내용을 침해하지 아니하는 범위 안에서 입법자에게 제도의 구체적인 내용과 형태의 형성권을 폭넓게 인정한다는 의미에서 '최소한 보장의 원칙'이 적용된다. 따라서 입법자는 제도의 본질적 내용을 훼손하지 않는 범위 내에서 법률로써 그 제도의 내용을 자유로이 형성할 수 있는 것이다.

	기본권(자유권)	제도적 보장
성질	전국가적	국가내적
보장 정도	최대의 보장	최소의 보장
침해시 소권 발생	발생	발생하지 않음
재판규범성	있다	있다

제2항 _ 정당제도

1. 정당의 개념

정당법 제2조에서는 "정당이라 함은 국민의 이익을 위하여 책임있는 정치적 주장이나 정책을 추진하고 공직선거의 후보자를 추천 또는 지지함으로써 국민의 정치적 의사형성에 참여함을 목적으로 하는 국민의 자발적 조직을 말한다"라고 규정하고 있다.

2. 법적 성격과 지위

(1) 정당의 헌법상 지위

정당은 그 구성원이 공무원도 아니고 정당활동에 필요한 비용을 국가가 전부 부담하는 것도 아니므로 국가기관으로 볼 수는 없으며, 정당은 국민의 의사를 국가에 전달하는 중개적 역할을 하므로 중개적 기관이라 볼 수 있다.

(2) 법적 형태

정당의 법적 형태는 법인격 없는 사단으로 보는 것이 일반적이며, 헌법재판소도 정당이 소유한 재산의 귀속관계에 있어서는 법인격 없는 사단으로서 기본권 주체가 된다고 판시한 바 있다.(헌재 1993.7.29. 92헌마262)

(3) 기본권 주체성

정당은 권리능력 없는 사단이므로 기본권 주체성이 인정될 수 있다. 따라서 우리 헌법재판소는 정당의 기본권 주체성과 헌법소원청구능력을 인정한 바 있다.(헌재 1991.3.11. 91헌마21)

> **실체가 존재하지 않는 정당의 성격**(헌재 2006.2.23. 2004헌마208)
>
> 청구인 녹색사민당은 정당법상 등록된 정당이었으나 2004년 4월 실시된 총선거에 참여, 유효투표총수의 100분의 2이상을 득표하지 못하여 2004.4.20. 정당법 제44조 제1항 제3호에 의하여 정당등록이 취소되었다. 그렇다면 청구인 녹색사민당은 더 이상 등록된 정당이 아니어서 기본권을 향유할 수 있는 주체가 될 수 없다고 할 것이고 따라서 청구인 녹색사민당의 심판청구는 부적법하다.

(4) 권한쟁의심판청구능력

정당은 국가기관도 지방자치단체도 아니므로 권한쟁의심판을 청구할 능력은 인정되지 아니한다.

3. 헌법 제8조의 규범적 의미

> **제8조** ① 정당의 설립은 자유이며, 복수정당제는 보장된다.
> ② 정당은 그 목적·조직과 활동이 민주적이어야 하며, 국민의 정치적 의사형성에 참여하는데 필요한 조직을 가져야 한다.
> ③ 정당은 법률이 정하는 바에 의하여 국가의 보호를 받으며, 국가는 법률이 정하는 바에 의하여 정당운영에 필요한 자금을 보조할 수 있다.
> ④ 정당의 목적이나 활동이 민주적 기본질서에 위배될 때에는 정부는 헌법재판소에 그 해산을 제소할 수 있고, 정당은 헌법재판소의 심판에 의하여 해산된다.

(1) 제8조 제1항의 의미

1) 정당 설립의 자유

정당 가입·설립의 자유에 관한 근거로서 정당의 자유를 보장하는 조항에 해당한다.

2) 제21조와의 관계

정당에 관한 헌법 제8조는 일반결사에 관한 제21조의 특별규정에 해당하므로 정당의 설립·활동·존속에 있어서는 제8조가 우선적으로 적용되며, 정당에 대하여도 허가제는 금지된다. 따라서 법률로 정당설립의 내용적 요건에 관한 규정은 허용되지 아니한다.

3) 복수정당제 보장

민주적 기본 가치질서로의 복수정당제를 보장하고 있다.

(2) 제8조 제2항의 의미

정당은 국민의 정치적 의사형성에 필요한 조직을 가져야 한다. 따라서 국회는 법률로 정당설립에 필요한 절차적·형식적 요건을 규정하는 것이 가능하며, 이는 정당법의 조직규정의 근거가 된다.

정당법상 정당은 5 이상의 시·도당을 가져야 한다는 등의 규정 (정당법 제17조)은 헌법 제8조 제2항에 근거한 것이다.

(3) 제8조 제3항의 의미

1) 국고보조금

헌법 제8조 제3항은 국고보조금제도를 임의적 규정으로 두고 있어 헌법상 필수적 제도는 아니며 헌법상 국가의 의무에도 해당하지 아니한다. 정치자금법에서는 이를 필요적으로 규정하고 있다.

2) 배분방법

50%에서 균등배분	동일 정당의 소속의원으로 교섭단체를 구성한 정당	
5%씩 지급	교섭단체를 구성하지 못하는 5석 이상의 정당	
2%씩 지급	국회의원선거에 참여했는데, 의석이 없거나 5석 미만인 경우	국회의원총선거에서 2/100 이상을 득표한 정당
		국회의원총선거에서 2/100 이상을 득표하지 못한 경우 의석을 가지고 지방자치단체 선거에서 0.5% 이상을 득표한 정당
	국회의원선거에 참여하지 아니한 경우	지방자치단체 선거에서 2/100 이상을 득표한 정당
잔여분	잔여분 중 50%는 의석수 비율에 따라, 50%는 득표율에 따라 배분	

> 예) 교섭단체를 구성한 A당과 B당, 7석을 얻은 C당, 3석을 얻은 D당이 있다고 가정하자. 100억의 국고보조금이 있다면 100억의 50%인 50억을 A당과 B당에 각 25억씩 배분하며, 5%인 5억은 교섭단체를 구성하지 못한 5석 이상을 얻은 C당에, 2%인 2억은 5석 미만을 얻은 D당에 배분한다.
> 나머지 43억의 50%인 21억 5천만원은 의석수 비율로, 나머지 20억 5천만원은 득표율에 따라 배분한다.

(4) 제8조 제4항의 의미

1) 위헌정당 강제해산의 의의

위헌정당강제해산제도란 <u>정당의 목적과 활동이 민주적 기본질서에 위반될 때 헌법질서를 수호·유지하기 위하여 헌법재판소가 정당을 강제로 해산하는 제도</u>이다.

2) 정당해산의 실질적 요건

① 정당

해산의 대상이 되는 정당은 등록을 마친 **기성정당**(정당조직의 청년부, 정당훈련원, 당보출판부 포함)을 말하며, **정당의 방계·위장조직, 대체정당 등은 일반결사로 이해되어 행정처분으로도 해산이 가능**하다.

② 목적과 활동

정당의 목적은 당의 강령, 당헌, 기관지를 통하여 알 수 있고 정당의 활동은 정당명의의 당수나 당원의 활동 또는 연설 등이 포함된다.

③ 민주적 기본질서

헌법재판소는 제8조 제4항의 민주적 기본질서의 의미에 대하여 '**자유민주적 기본질서**'로 이해한다.(헌재 1999.12.23. 99헌마135) **민주적 기본질서 이외에 정당의 강제해산 사유를 추가할 수 없으며 '민주적 기본질서에 위반될 때'는 엄격하게 해석하여야 한다.**

3) 정당해산의 절차적 요건

① 제소권자 및 제소의 법적 성격

위헌정당의 제소권자는 정부이며, 정부의 제소는 재량이라 보는 것이 다수설이다.

② 제소 절차

정부는 반드시 국무회의의 심의를 거쳐 헌법재판소에 정당해산심판을 청구할 수 있다.(헌법 제8조 제4항)

③ 헌법재판소의 해산 결정

정당해산의 결정에는 <u>헌법재판소 9인의 재판관 중 6인 이상의 찬성이 있어야 한다.</u>(헌법 제113조 제1항) 정당해산심판에는 헌법재판소법에 특별한 규정이 있는 경우를 제외하고는 민사소송에 관한 법령을 준용한다.(헌법재판소법 제40조 제1항) 위헌정당이 아니라는 결정이 내려진 경우에는 동일 정당에 대해 동일 사유로 다시 제소할 수 없다.(헌법재판소법 제39조) 헌법재판소의 해산결정에는 창설적 효력이 있다.(결정 이후 중앙선거관리위원회가 취하는 정당말소 및 공고행위는 단순한 선언적, 확인적 효력밖에 없다)

4) 정당해산의 효과

① 창설적 효력

헌법재판소의 해산심판이 있으면 그때부터 정당의 모든 특권은 상실된다.

② 대체정당설립금지, 명칭사용금지

대체정당의 설립도 금지되며, 동일한 정당의 명칭 사용도 금지된다.(중앙선거관리위원회에 의하여 등록이 취소된 정당의 명칭은 사용할 수 있다)

③ 정당재산의 국고귀속

<u>해산된 정당의 재산은 국고에 귀속된다.</u> 중앙선거관리위원회에 의하여 등록이 취소된 정당의 재산은 1차적으로 당헌의 규정에 따라 처분하고 그 잔여재산이 있으면 국고에 귀속되나, 헌법재판소에 의하여 강제해산된 경우에는 전 재산이 국고에 귀속(몰수)된다.

④ 소속의원 자격 상실 여부

우리나라 제3공화국 헌법은 소속정당이 해산된 때 국회의원은 자격을 상실한다고 규정한 바 있으나 현재 이에 대한 명문의 규정이 없어 견해가 대립되었으나, 최근 판례는 **위헌정당해산시 지역구 국회의원·비례대표의원 모두 의원직을 상실한다고 판시**하였다.(헌재 2014.12.19. 2013헌다1)

통합진보당 강제해산(헌재 2014.12.19. 2013헌다1)

"…내란관련 사건 등 앞서 본 피청구인의 여러 활동들은 그 경위, 양상, 피청구인 주도세력의 성향, 구성원의 활동에 대한 피청구인의 태도 등에 비추어 보면, 피청구인의 진정한 목적에 기초하여 일으킨 것으로서, 향후 유사상황에서 반복될 가능성이 크다. 더욱이 피청구인이 폭력에 의한 집권 가능성을 인정하고 있는 점에 비추어 피청구인의 여러 활동들은 민주적 기본질서에 대해 실질적인 해악을 끼칠 구체적 위험성이 발현된 것으로 보인다. 특히 내란관련 사건에서 피청구인 주도세력이 북한에 동조하여 대한민국의 존립에 위해를 가할 수 있는 방안을 구체적으로 논의한 것은 피청구인의 진정한 목적을 단적으로 드러낸 것으로서, 표현의 자유의 한계를 넘어 민주적 기본질서에 대한 구체적 위험성을 배가한 것이다. 결국 피청구인의 위와 같은 진정한 목적이나 그에 기초한 활동은 우리 사회의 민주적 기본질서에 대해 실질적 해악을 끼칠 수 있는 구체적 위험성을 초래하였다고 판단되므로, 민주적 기본질서에 위배된다."
"…헌법재판소의 해산결정으로 정당이 해산되는 경우에 그 정당 소속 국회의원이 의원직을 상실하는지에 대하여 명문의 규정은 없으나, 정당해산심판제도의 본질은 민주적 기본질서에 위배되는 정당을 정치적 의사형성과정에서 배제함으로써 국민을 보호하는 데에 있는데 해산정당 소속 국회의원의 의원직을 상실시키지 않는 경우 정당해산결정의 실효성을 확보할 수 없게 되므로, 이러한 정당해산제도의 취지 등에 비추어 볼 때 헌법재판소의 정당해산결정이 있는 경우 그 정

> 당 소속 국회의원의 의원직은 당선 방식을 불문하고 모두 상실되어야 한다."

4. 정당의 설립

정당법

제1조(목적) 이 법은 정당이 국민의 정치적 의사형성에 참여하는데 필요한 조직을 확보하고 정당의 민주적인 조직과 활동을 보장함으로써 민주정치의 건전한 발전에 기여함을 목적으로 한다.

제2조(정의) 이 법에서 "정당"이라 함은 국민의 이익을 위하여 책임있는 정치적 주장이나 정책을 추진하고 공직선거의 후보자를 추천 또는 지지함으로써 국민의 정치적 의사형성에 참여함을 목적으로 하는 국민의 자발적 조직을 말한다.

제3조(구성) 정당은 수도에 소재하는 중앙당과 특별시·광역시·도에 각각 소재하는 시·도당(이하 "시·도당"이라 한다)으로 구성한다.

제4조(성립) ① 정당은 중앙당이 중앙선거관리위원회에 등록함으로써 성립한다.
② 제1항의 등록에는 제17조(법정시·도당수) 및 제18조(시·도당의 법정당원수)의 요건을 구비하여야 한다.

제5조(창당준비위원회) 정당의 창당활동은 발기인으로 구성하는 창당준비위원회가 이를 한다.

제6조(발기인) 창당준비위원회는 중앙당의 경우에는 200명 이상의, 시·도당의 경우에는 100명 이상의 발기인으로 구성한다.

제17조(법정시·도당수) 정당은 5 이상의 시·도당을 가져야 한다.

제18조(시·도당의 법정당원수) ① 시·도당은 1천인 이상의 당원을 가져야 한다.

② 제1항의 규정에 의한 법정당원수에 해당하는 수의 당원은 당해 시·도당의 관할구역 안에 주소를 두어야 한다.

제30조(정당의 유급사무직원수 제한) ① 정당에 둘 수 있는 유급사무직원은 중앙당에는 100명을 초과할 수 없으며, 시·도당에는 총 100인 이내에서 각 시·도당별로 중앙당이 정한다.

제33조(정당소속 국회의원의 제명) 정당이 그 소속 국회의원을 제명하기 위해서는 당헌이 정하는 절차를 거치는 외에 그 소속 국회의원 전원의 2분의 1 이상의 찬성이 있어야 한다.

정당에서 제명된 의원은 의원직은 유지하고 당원의 자격만 상실된다. 이에 반하여 국회에서 제명된 경우는 국회법상 재적의원 3분의 2이상의 찬성이 있어야 하며 의원직은 상실된다.

5. 정당의 등록 취소와 자진 해산

(1) 등록취소사유

1) 정당이 다음에 해당하는 때에는 당해 선거관리위원회는 그 등록을 취소한다.(정당법 제44조)

① 정당설립의 형식적 요건을 구비하지 못하게 된 때
제17조(법정 시·도당수) 및 제18조(시·도당의 법정 당원수)의 요건을 구비하지 못하게 된 때

② 최근 4년간 국회의원총선거 또는 임기만료에 의한 지방자치단체의 장 선거나 시도의회 의원선거에 참여하지 아니한 때

국회의원총선거에 참여하여 의석을 얻지 못하고 유효투표총수의

2/100이상을 득표하지 못한 때는 헌법재판소 위헌 결정으로 등록취소 사유에서 삭제되었다.

> **등록취소**(헌재 2014.1.28. 2012헌마431등)
>
> 1. 헌법 제8조 제1항 전단은 단지 정당설립의 자유만을 명시적으로 규정하고 있지만, 정당의 설립만이 보장될 뿐 설립된 정당이 언제든지 해산될 수 있거나 정당의 활동이 임의로 제한될 수 있다면 정당설립의 자유는 사실상 아무런 의미가 없게 되므로, 정당설립의 자유는 당연히 정당존속의 자유와 정당활동의 자유를 포함하는 것이다. 한편, 정당의 명칭은 그 정당의 정책과 정치적 신념을 나타내는 대표적인 표지에 해당하므로, 정당설립의 자유는 자신들이 원하는 명칭을 사용하여 정당을 설립하거나 정당활동을 할 자유도 포함한다.
>
> 2. 정당은 국민과 국가의 중개자로서 정치적 도관(導管)의 기능을 수행하여 주체적·능동적으로 국민의 다원적 정치의사를 유도·통합함으로써 국가정책의 결정에 직접 영향을 미칠 수 있는 규모의 정치적 의사를 형성하고 있다. 오늘날 대의민주주의에서 차지하는 정당의 이러한 의의와 기능을 고려하여, 헌법 제8조 제1항은 국민 누구나가 원칙적으로 국가의 간섭을 받지 아니하고 정당을 설립할 권리를 기본권으로 보장함과 아울러 복수정당제를 제도적으로 보장하고 있다. 따라서 입법자는 정당설립의 자유를 최대한 보장하는 방향으로 입법하여야 하고, 헌법재판소는 정당설립의 자유를 제한하는 법률의 합헌성을 심사할 때에 헌법 제37조 제2항에 따라 엄격한 비례심사를 하여야 한다.
>
> 3. 실질적으로 국민의 정치적 의사형성에 참여할 의사나 능력이 없는 정당을 정치적 의사형성과정에서 배제함으로써 정당제 민주주의 발전에 기여하고자 하는 한도에서 정당등록취소조항의 입법목적의 정당성과 수단의 적합성을 인정할 수 있다. 그러나 정당등록의 취소는 정당의 존속 자체를 박탈하여 모든 형태의 정당활동을 불가능하게 하므로, 그에 대한 입법은 필요최소한의 범위에서 엄격

한 기준에 따라 이루어져야 한다. 그런데 일정기간 동안 공직선거에 참여할 기회를 수 회부여하고 그 결과에 따라 등록취소 여부를 결정하는 등 덜 기본권 제한적인 방법을 상정할 수 있고, 정당법에서 법정의 등록요건을 갖추지 못하게 된 정당이나 일정 기간 국회의원선거 등에 참여하지 아니한 정당의 등록을 취소하도록 하는 등 현재의 법체계 아래에서도 입법목적을 실현할 수 있는 다른 장치가 마련되어 있으므로, 정당등록취소조항은 침해의 최소성 요건을 갖추지 못하였다. 나아가, 정당등록취소조항은 어느 정당이 대통령선거나 지방자치선거에서 아무리 좋은 성과를 올리더라도 국회의원선거에서 일정 수준의 지지를 얻는 데 실패하면 등록이 취소될 수밖에 없어 불합리하고, 신생·군소정당으로 하여금 국회의원선거에의 참여 자체를 포기하게 할 우려도 있어 법익의 균형성 요건도 갖추지 못하였다. 따라서 정당등록취소조항은 과잉금지원칙에 위반되어 청구인들의 정당설립의 자유를 침해한다.

4. 정당명칭사용금지조항은 정당등록취소조항을 전제로 하고 있으므로, 위와 같은 이유에서 정당설립의 자유를 침해한다.

(1) 목적의 정당성 및 수단의 적합성
헌법 제8조 제1항의 정당설립의 자유와 헌법 제8조 제4항의 입법취지를 고려하여 볼 때, 입법자가 정당으로 하여금 헌법상 부여된 기능을 이행하도록 하기 위하여 그에 필요한 절차적·형식적 요건을 규정함으로써 정당설립의 자유를 구체적으로 형성하고 동시에 제한하는 경우를 제외한다면 정당설립에 대한 국가의 간섭이나 침해는 원칙적으로 허용되지 않는다.(헌재 1999. 12. 23. 99헌마135 참조) 따라서 단지 국민으로부터 일정 수준의 정치적 지지를 얻지 못한 군소정당이라는 이유만으로 정당을 국민의 정치적 의사형성과정에서 배제하기 위한 입법은 헌법상 허용될 수 없다.
다만 대의민주주의에서 정당의 가장 본질적인 존재의 의의는 '국민의 정치적 의사형성에 참여'하는 것이라고 할 수 있는바, 실질적으로 국민의 정치적 의사형성에 참여할 의사가 없거나 국민의 정치적 의사를 집약·결집하여 국가에 매개할 능력이 없는 정당을 정치적 의사형성과정에서 배제함으로써 정당제 민주주의의 발전에 기여하고자 하는 한도에서 정당등록취소조항의 입법목적의 정당성은 인정될 수 있다. 그리고 국회의원선거에서의 의석 확보 여부 및 득표율은 정당이 실질적으로 국민의 정치적 의사형성에 참여할 진지한 의사와 역량을 갖추었는지를 가늠할 수 있는 하나의 표지가 되므로, 국회의원선거에서 원내 진출 및 일정 수준의 득표에 실패한 정당에 대해 등록을 취소하는 것은 이러한 입법목적 달성에 유효한 수단이 될 수 있다. 따라서 정당등록취소조항은 입법목적의 정당성과 수단의 적합성을 갖추고 있다고 할 것이다.

(2) 침해의 최소성 및 법익의 균형성
(가) 정당설립의 자유를 법률로써 제한하는 것은 대의민주주의에서 정당의 중요성을 감안할 때 필요최소한에 그쳐야 한다. 특히 정당등록의 취소는 정당의 존속 자체를 박탈함으로써 모든 형태의 정당활동을 불가능하게 하므로, 그에 대한 입법은 필요최소한의 범위에서 엄격한 기준에 따라 이루어져야 한다.

헌법재판소의 결정으로 정당이 해산된 경우와는 달리, 정당등록취소조항에 의해 정당등록이 취소된 경우에는 대체정당의 설립이 가능하고 일정기간이 경과하면 등록취소된 정당의 명칭을 사용할 수 있다고 하더라도(정당법 제40조, 제41조 제4항 참조), 입법자로서는 보다 덜 제한적인 방법이 있는 때에는 입법목적 달성에 지장이 없는 한 이를 채택하여야 한다. 그런데 입법목적 달성에 지장이 없으면서도 정당등록취소조항에서 정한 방법보다 덜 제한적인 방법을 상정할 수 있다. 예컨대 단 한번만의 국회의원선거 결과로 정당을 취소할 것이 아니라 일정기간 동안 국회의원선거 등 공직선거에 참여할 수 있는 기회를 수회 더 부여하고 그 결과에 따라 등록취소 여부를 판단하는 방법을 고려할 수 있다. 또한 신생정당의 경우 처음부터 전국적으로 높은 지지를 받기 어렵다는 점을 감안하여 국회의원선거에서 후보자를 추천한 선거구의 개수와 분포 및 그 선거구에서의 득표율 등을 종합하여 등록취소 여부를 결정하는 방법을 고려할 수 있을 것이다.

이처럼 국민의 정치적 의사형성에 참여할 진지한 의사나 능력을 갖추지 못한 정당을 배제시키면서도 정당으로 하여금 국민의 지지와 신뢰를 획득할 수 있는 정책 개발에 더욱 매진하도록 할 방법이 있음에도 불구하고, 정당등록취소조항이 단 한 번의 국회의원선거에서 의석을 얻지 못하고 일정 수준의 득표를 하지 못하였다는 이유로 정당등록을 취소하는 것은 입법목적 달성을 위해 필요한 최소한의 수단이라고 볼 수 없다.

(나) 정당법 제44조 제1항은 정당이 정당법 제17조(법정시·도당수) 및 제18조(시·도당의 법정 당원수)의 요건을 구비하지 못하게 된 경우(제1호)와 최근 4년간 임기만료에 의한 국회의원선거 또는 임기만료에 의한 지방자치단체의 장선거나 시·도의회의원선거에 참여하지 아니한 경우(제2호)를 정당등록취소사유로 규정하여, 국민의 정치적 의사형성에 참여할 진지한 의사나 능력을 갖추지 못한 정당을 배제할 수 있도록 하고 있다. 또한, 정치자금법 제27조는 정당의 국회의원 의석수 또는 국회의원선거 등에서의 득표수 비율을 기준으로 정당에 지급되는 경상보조금과 선거보조금을 차등지급하도록 규정하여 국회의원선거 등에서 일정 수준의 정치적 지지를 얻지 못한 정당에 대한 국고 지원을 배제하고 있다.

이와 같이 현재의 법체계 아래에서는 심판대상조항인 정당등록취소조항이 없다고 하더라도 국민의 정치적 의사형성에 참여할 진지한 의사나 능력을 갖추지 못한 정당을 자연스럽게 배제할 수 있는 장치들이 충분히 마련되어 있다고 볼 여지도 있다. 미국, 독일, 일본 등 외국의 입법례를 보더라도, 선거에서의 의석 확보 여부나 득표율은 정당의 선거 참여나 정당에 대한 국고 지원 등을 허용할지 여부를 결정하는 하나의 요소일 뿐, 정당의 존립 여부 자체를 결정하는 요소로 기능하는 경우는 찾아볼 수 없다.

(다) 정당등록취소조항은 단 한 번의 국회의원선거에서 부진한 결과를 얻었다는 이유만으로 즉시 정당등록을 취소하는바, 어느 정당이 대통령선거나 지방자치선거에서 아무리 좋은 성과를 올리더라도 국회의원선거에서 일정 수준의 지지를 얻는 데 실패할 경우 정당등록이 취소될 수밖에 없는 불합리한 결과를 초래한다. 또한 신

생·군소정당의 경우 등록취소에 대한 우려로 국회의원선거에의 참여 자체를 포기함으로써 국민의 정치적 의사형성에 지속적으로 참여하고자 하는 의사를 객관적으로 표명하고 자신의 존재와 정책을 효과적으로 알릴 기회를 상실하게 될 수도 있다. 그 결과 정당등록취소조항은 신생·군소정당이 국민의 정치적 의사형성에 참여할 진지한 의사를 가지고 계속적으로 정당활동을 수행하는 과정에서 국민의 지지를 획득하여 보다 굳건한 정당으로 성장할 수 있는 기회를 박탈함으로써, 소수의견의 정치적 결집을 봉쇄하고 정치적 다양성과 정치과정의 개방성을 훼손할 수 있다. 이와 같이 정당등록취소조항이 헌법 제8조 제1항 후단에서 제도적으로 보장된 복수정당제를 훼손하고 정당제 민주주의의 발전에 걸림돌이 될 여지를 만들어 주는 것은, 위 조항이 입법목적의 실현을 위하여 필요한 범위를 벗어나는 과도한 제한을 가하고 있음으로 인한 결과이다.

(라) 입법을 통하여 달성하려는 공익은 기본권 제한의 정도와 비례관계를 유지하여야 한다. 정당등록취소조항에 의하여 실현하고자 하는 공익은 실질적으로 국민의 정치적 의사형성에 참여할 의사나 능력이 없는 정당을 배제함으로써 정당제 민주주의를 발전시키기 위한 것이라고 보더라도, 앞에서 본 바와 같이 위 조항이 그러한 공익의 실현에 기여하는 효과는 불분명한 반면, 위 조항으로 인해 침해되는 정당설립의 자유의 공익적 가치는 매우 크다 할 것이므로, 위 조항으로 인해 얻는 공익적 성과와 그로부터 초래되는 부정적인 효과는 합리적인 비례관계를 현저하게 일탈하고 있다.

(마) 따라서 정당등록취소조항이 단 한 번의 국회의원선거에서 의석을 얻지 못하고 일정 수준의 득표를 하지 못하였다는 이유로 정당의 등록을 취소하는 것은 침해의 최소성과 법익의 균형성 요건을 충족시키지 못한다.

2) 등록취소된 정당의 명칭사용

선거관리위원회에 의해 등록이 취소된 정당의 명칭과 같은 명칭은 등록취소된 날부터 최초로 실시하는 국회의원 임기만료에 의한 국회의원선거일까지 정당의 명칭으로 사용할 수 없다.(정당법 제41조 제3항) 그 외는 명칭사용이 가능하다.

(2) 자진 해산

정당은 그 대의기관의 결의로써 해산할 수 있다.(정당법 제45조) 자진 해산된 정당의 명칭은 사용할 수 있다.

제3항 _ 선거제도

1. 선거의 의의

(1) 개념

선거는 국민의 합의에 바탕을 둔 민주주의를 구현하기 위해 국가기관을 선임하는 다수인의 합성행위이다. 개개인이 행하는 투표행위와 구별된다.

(2) 종류

1) 총선거

임기가 끝난 경우 전원을 선거하는 것을 말한다.

2) 재선거

임기개시 전의 사유(사망, 사퇴 등)로 당선이 무효가 되어 다시 선거하는 것을 말한다.

3) 보궐선거

임기개시 후의 사유(사망, 사퇴 등)로 결원이 발생 시 하는 선거를 말한다.

궐위발생

제200조(보궐선거) ① 지역구국회의원·지역구지방의회의원 및 지방자치단체의 장에 궐원 또는 궐위가 생긴 때에는 보궐선거를 실시한다.
② 비례대표국회의원 및 비례대표지방의회의원에 궐원이 생긴 때에는 선거구선거관리위원회는 궐원통지를 받은 후 10일이내에 그 궐원된 의원이 그 선거 당시에 소속한 정당의 비례대표국회의원후보자명부 및 비례대표지방의회의원후보자명부에 기재된 순위에 따라 궐원된 국회의원 및 지방의회의원의 의석을 승계할 자를 결정하여야 한다.
③ 제2항에도 불구하고 의석을 승계할 후보자를 추천한 정당이 해산되거나 임기만료일 전 120일 이내에 궐원이 생긴 때에는 의석을 승계할 사람을 결정하지 아니한다.
④ 대통령권한대행자는 대통령이 궐위된 때에는 중앙선거관리위원회에, 국회의장은 국회의원이 궐원된 때에는 대통령과 중앙선거관리위원회에 그 사실을 지체 없이 통보하여야 한다.

대통령선거	① 대통령 궐위시(사망, 사퇴, 당선무효, 탄핵결정 / 탄핵소추 ×) 사유발생일로부터 60일 이내에 실시, 잔임기간이 1년 미만이라도 실시하여 잔임기간이 아닌 고유임기 5년이 개시된다. ② 대통령의 궐위로 인한 선거 또는 재선거는 그 선거의 실시사유가 확정된 때부터 60일 이내에 실시하되, 선거일은 늦어도 선거일 전 50일까지 대통령 또는 대통령권한대행자가 공고하여야 한다.(공직선거법 제35조 제1항)
비례대표 국회의원/지방의원	비례대표국회의원 및 비례대표지방의회의원에 궐원이 생긴 때에는 선거구선거관리위원회는 궐원통지를 받은 후 10일이내에 그 궐원된 의원이 그 선거 당시에 소속한 정당의 비례대표국회의원후보자명부 및 비례대표지방의회의원후보자명부에 기재된 순위에 따라 궐원된 국회의원 및 지방의회의원의 의석을 승계할 자를 결정하여야 한다.(공직선거법 제35조 제2항)

지역구 국회의원/ 지방자치 단체장	선거일로부터 임기만료일까지의 기간이 <u>1년 미만의 경우</u> 보궐선거를 실시하지 않을 수 있고, <u>1년 이상일 경우</u> 실시해야 한다. 당선된 자의 임기는 대통령을 제외하고 나머지는 <u>전임자의 잔임기간</u>이다.
지역구 지방의원	지방의원 정수의 1/4미만이 궐위된 경우 보궐선거를 실시하지 않을 수 있으나 1/4이상이 궐원된 경우 보궐선거를 통해 궐원된 의원 전원에 대하여 실시해야 한다.

2. 선거의 기본원칙

> **헌법 제24조** 모든 국민은 법률이 정하는 바에 의하여 선거권을 가진다.
>
> **헌법 제41조** ① 국회는 국민의 <u>보통·평등·직접·비밀선거</u>에 의하여 선출된 국회의원으로 구성한다.
>
> **헌법 제67조** ① 대통령은 국민의 <u>보통·평등·직접·비밀선거</u>에 의하여 선출한다.

(1) 보통선거의 원칙

1) 의의

제한선거에 대응하는 개념으로 보통선거란 <u>사회적 신분 등과 관계없이 모든 국민에게 선거권과 피선거권을 인정하는 선거원칙</u>을 말한다. 다만 지나친 기탁금요구, 무소속후보자에게 후보등록을 위한 추천자를 지나치게 많이 요구하는 경우, 선거권자 또는 피선거권자의 연령을 지나치게 높게 정하는 경우는 보통선거원칙에 위반된다.

2) 예외

외국인의 선거권 부정, 피성년후견인의 선고를 받은 자의 선거권 제한은 예외적으로 허용될 수 있다.

> **수형자 선거권 제한**(헌재 2014.1.28. 2012헌마409)
> 보통선거원칙 및 그에 기초한 선거권을 법률로써 제한하는 것은 필요 최소한에 그쳐야 한다. 집행유예자와 수형자의 선거권 제한은 범죄자가 범죄의 대가로 선고받은 자유형의 본질에서 당연히 도출되는 것이 아니므로, 범죄자의 선거권 제한 역시 보통선거원칙에 기초하여 필요 최소한의 정도에 그쳐야 한다.(헌재 2009. 10. 29. 2007헌마1462의 위헌의견)
> 그런데 심판대상조항은 집행유예자와 수형자에 대하여 전면적·획일적으로 선거권을 제한하고 있다. 심판대상조항의 적용대상은 상대적으로 가벼운 범죄를 저지른 사람에서부터 매우 심각한 중범죄를 저지른 사람에 이르기까지 아주 다양하고, 과실범과 고의범 등 범죄의 종류를 불문하며, 범죄로 인하여 침해된 법익이 국가적 법익인지, 사회적 법익인지, 개인적 법익인지 그 내용 또한 불문하고 있다.
> 심판대상조항의 입법목적에 비추어 보더라도, 구체적인 범죄의 종류나 내용 및 불법성의 정도 등과 관계없이 이와 같이 일률적으로 선거권을 제한하여야 할 필요성이 있다고 보기는 어렵다. 보통선거의 원칙과 선거권 보장의 중요성을 감안할 때 선거권의 제한은 필요 최소한의 범위에서 엄격한 기준에 따라 이루어져야 한다. 범죄자의 선거권을 제한할 필요가 있다 하더라도 그가 저지른 범죄의 경중을 전혀 고려하지 않고 수형자와 집행유예자 모두의 선거권을 제한하는 것은 침해의 최소성원칙에 어긋난다.

(2) 평등선거의 원칙

차등선거에 대응하는 개념으로 선거의 전체적인 과정에 있어서의 평등, 1인1표제를 원칙으로 하여 투표가치의 평등을 추구하는 원칙을 말한다.

> **평등선거의 원칙**(헌재 1998.11.26. 96헌마54)
>
> 평등선거원칙은 선거권 부여에 있어서의 평등에 한정하지 않고 선거운동의 기회 등 전체적인 선거과정에 있어서의 평등을 의미한다. 평등선거의 원칙은 헌법 제11조 제1항 평등의 원칙이 선거제도에 적용된 것으로서 투표의 수적(數的) 평등, 즉 1인 1표 원칙(one man, one vote)과 투표의 성과가치(成果價値)의 평등, 즉 1표의 투표가치가 대표자선정이라는 선거의 결과에 대하여 기여한 정도에 있어서도 평등하여야 한다는 원칙(one vote, one value)을 그 내용으로 할 뿐만 아니라(헌재 1995. 12. 27. 95헌마224등 판례집 7-2, 760, 771), 일정한 집단의 의사가 정치과정에서 반영될 수 없도록 차별적으로 선거구를 획정하는 이른바 '게리맨더링'에 대한 부정(否定)을 의미하기도 한다.

(3) 직접선거의 원칙

1) 의의

간접선거에 대응하는 개념으로서 선거인 스스로가 직접대의기관을 선출하는 것을 말한다. 비례대표제를 채택하는 경우 직접선거 원칙은 정당의 비례적인 의석확보도 선거권자의 투표에서 직접 결정될 것을 요구하는 원칙이다.

2) 명부제

직접선거 원칙에 잘 부합하는 명부제는 개방명부제이고, 고정명부제는 투표인의 의사에 따라 정당명부상 후보자 순위를 변경할 수 없으므로 직접선거원칙에 부합하는 원칙으로 보기 힘드나, 헌법재판소는 고정명부제가 직접선거원칙에 반하는 것은 아니라고 한 바 있다.

> 1인 1표제 하에서 지역구 국회의원 총선거에서 얻은 득표비율에 따라 비례대표국회의원 의석을 배분하는 공직선거법 제189조(헌재 2001.7.19. 2000헌마91)

(1) 국회의원선거에 있어 다수대표제만을 택하고 비례대표제를 택하지 않을 경우 지역구의 개별후보자에 대한 국민의 지지만을 정확하게 반영하여도 민주주의원리에 반하는 것은 아닐 것이다.
그러나 정당명부식 비례대표제를 병행하는 한 정당에 대한 국민의 지지의사를 충실히 반영할 것까지 요구되며, 그 결과 정당에 대한 의석배분도 국민의 지지 및 선호와 일치되어야 한다. 그런데 현행의 1인 1표제를 전제로 한 공선법 제189조 제1항에 의한 비례대표의석배분방식은 오히려 정당에 대한 국민의 지지의사를 적극적으로 왜곡한다.
유권자가 지역구후보자나 그가 속한 정당 중 어느 일방만을 지지할 경우 지역구후보자 개인을 기준으로 투표하든, 정당을 기준으로 투표하든 어느 경우에나 자신의 진정한 의사는 반영시킬 수 없을 뿐만 아니라 도리어 적극적으로 왜곡되어 표출될 수 밖에 없다. 먼저, 지역구후보자를 기준으로 투표하였을 경우 지지하지도 않는 정당을 지지한 것으로 되어 자신의 표가 그 정당의 의석배분에 활용된다. 이는 국민의 지지의사와 정반대되는 방향으로 비례대표의석을 배분하는 것이다. 다음으로, 정당을 기준으로 투표하였을 경우 지지하지도 않는 지역구후보자를 당선시키는데 자신의 투표가 기여하게 되므로 이번에는 후보자에 대한 지지를 왜곡하게 된다.
나아가 이러한 의석배분방식은 신생정당에 대한 국민의 지지도를 제대로 반영할 수 없고, 기존의 세력정당에 대한 국민의 실제 지지도를 초과하여 그 세력정당에 의석을 배분하여 준다. 일반적으로 후보자의 인지도·조직·자원의 면에서 신생정당 후보자는 기성정당의 후보자보다 불리하고, 그리하여 신생정당을 지지하는 유권자라도 신생정당 후보자에 대한 자신의 투표가 사표가 되는 것을 달갑지 않게 여겨 기성정당의 후보자에게 투표하게 될 개연성이 높고, 이러한 투표들이 고스란히 기성정당에 대한 지지로 계산되는 것이다. 이 경우 만약 별도의 정당투표가 있었다면 그 유권자가 기성정당을 지지하지 않고 신생정당을 지지함이 분명히 표출·계산될 수 있다. 이리하여 현행제도는 정당의 독과점체제를 고착시키고 신생정당의 국회진출을 어렵게 하는 것이다.

(2) 현행 공선법과 관련하여서는 먼저, 비례대표 후보자를 유권자들이 직접 선택할 수 있는 이른바 자유명부식이나 가변명부식과 달리 고정명부식에서는 후보자와 그 순위가 전적으로 정당에 의하여 결정되므로 직접선거의 원칙에 위반되는 것이 아닌지가 문제될 수 있다. 그러나 비례대표후보자명단과 그 순위, 의석배분방식은 선거시에 이미 확정되어 있고, 투표 후 후보자명부의 순위를 변경하는 것과 같은 사후개입은 허용되지 않는다. 그러므로 비록 후보자 각자에 대한 것은 아니지만 선거권자가 종국적인 결정권을 가지고 있으며, 선거결과가 선거행위로 표출된 선거권자의 의사표시에만 달려 있다고 할 수 있다. 따라서 고정명부식을 채택한 것 자체가 직접선거원칙에 위반된다고는 할 수 없다.

(3) 그러나 1인 1표제 하에서의 비례대표후보자명부에 대한 별도의 투표 없이 지역구후보자에 대한 투표를 정당에 대한 투표로 의제하여 비례대표의석을 배분하는 것은 직접선거의 원칙에 반한다고 하지 않을 수 없다.
비례대표의원의 선거는 지역구의원의 선거와는 별도의 선거이므로 이에 관한 유권자의 별도의 의사표시, 즉 정당명부에 대한 별도의 투표가 있어야 한다. 확정된 정당명부를 보고 유권자들이 그 선호에 따라 투표할 수 있는 한 '선거권자의 투표로 최종적으로 결정한다'는 직접선거의 최소한의 요구는 충족된다. 그러나 현행제도는 정당명부에 대한 투표가 따로 없으므로 유권자들에게 비례대표의원에 대한 직접적인 결정권이 전혀 없는 것이나 마찬가지이다. 지역구후보자에 대한 투표를 통하여 간접적으로 또 - 지역구후보자에 대한 지지와 정당에 대한 지지가 일치할 경우에 한하여 - 우연적으로만 비례대표의원의 선출에 간여할 수 있을 뿐이다. 정당명부에 대한 직접적인 투표가 인정되지 않기 때문에 비례대표의원의 선출에 있어서는 유권자의 투표행위가 아니라 정당의 명부작성행위가 최종적·결정적인 의의를 지니게 된다. 결론적으로 현행 비례대표의석배분방식은 선거권자들의 투표행위로써 정당의 의석배분, 즉 비례대표국회의원의 선출을 직접, 결정적으로 좌우할 수 없으므로 직접선거의 원칙에 위배된다고 할 것이다.

(4) 공선법 제189조 제1항은 지역구국회의원선거에서 5석 이상의 의석을 차지하였거나 유효투표총수의 100분의 5 이상을 득표한 정당에 한하여 지역구선거에서 얻은 득표비율에 따라 비례대표의석을 배분하고, 지역구선거에서 유효투표총수의 100분의 3 이상 100분의 5 미만을 득표한 정당에 대하여는 비례대표의석 1석을 배분하도록 하고 있다. 이와 같이 득표율이나 직선의석수 등을 기준으로 비례대표의석배분에 일정한 제한을 가하는 조항을 저지조항(沮止條項)이라 한다. 일반적으로 저지조항에 관하여는 비례대표의석배분에서 정당을 차별하고, 저지선을 넘지 못한 정당에 대한 투표의 성과가치를 차별하게 되므로 평등선거의 원칙에 대한 위반여부가 문제된다.

저지조항의 인정여부, 그 정당성여부는 각 나라의 전체 헌정상황에 비추어 의석배분에서의 정당간 차별이 불가피한가에 따라 판단되어야 하는바, 현행 저지조항에서 설정하고 있는 기준이 지나치게 과도한 것인지의 판단은 별론으로 하더라도, 현행 저지조항은 지역구의원선거의 유효투표총수를 기준으로 한다는 점에서 현행 의석배분방식이 지닌 문제점을 공유하고 있다.

일정한 저지선을 두고 이를 하회하는 정당에게 의회참여의 기회를 제한하겠다는 제도는 본질적으로 정당에 대한 국민의 지지도를 정확하게 반영할 것을 전제로 한다. 그런데 현행 1인 1표제 하에서의 비례대표제 의석배분방식은 위에서 본 바와 같이 국민의 정당에 대한 지지도를 정확하게 반영하지 못하며 오히려 적극적으로 이를 왜곡하고 있다. 지역구후보자에 대한 지지는 정당에 대한 지지로 의제할 수 없는데도 이를 의제하는 것이기 때문이다. 지역구선거의 유효투표총수의 100분의 5 이상을 득표한 정당이 그 만큼의 국민의 지지를 받는 정당이라는 등식은 도저히 성

> 립하지 않는다. 그리하여 실제로는 5% 이상의 지지를 받는 정당이 비례대표의석을 배분받지 못하는 수도 있고 그 역의 현상도 얼마든지 가능한 것이다. 이와 같이 국민의 정당지지의 정도를 계산함에 있어 불합리한 잣대를 사용하는 한 현행의 저지조항은 그 저지선을 어느 선에서 설정하건간에 평등원칙에 위반될 수밖에 없다.

(4) 비밀선거의 원칙

공개투표, 공개선거에 대응하는 개념으로서 선거인의 의사결정이 타인에게 알려지지 않도록 하는 선거원칙이다. 예를 들어 투표불참자의 명단공개는 비밀선거원칙에 위반된다.

(5) 자유선거의 원칙

강제선거에 대응하는 개념으로서 우리 헌법에 명시되지는 않았지만 민주국가의 선거제도에 내재하는 선거원칙으로 선거과정에서 요구되는 선거권자의 의사형성의 자유와 의사실현의 자유를 말한다. 따라서 선거를 하지 않을 자유도 보장된다.

3. 대표제와 선거구제

(1) 대표제의 의의와 유형

대표제란 대표 즉 의원의 당선을 결정하는 방식을 말한다.

선거인으로부터 다수표를 얻은 자를 당선자로 결정하는 다수대표제, 소수의 득표를 하더라도 당선자로 결정하는 소수대표제, 둘 이상의 정당이 있는 경우에 그들 정당의 유효득표수에 비례하여 당선 의원수를 결정하는 **비례대표제**가 있다.

다수대표제는 일반적으로 소선구제와 결합되고 소수대표제는 대선거구제와 결합한다.

다수대표제의 장점	① 선거인과 대표자의 유대관계 형성이 용이하다.(당선인이 1인이라면 지역 의원후보들은 당선되기 위해 그 지역의 유권자들에게 더욱 다가갈 것이다) ② 양당제 확립이 용이하고 정국이 안정된다.(당선인이 1인이므로 유권자가 야당 후보를 지지하더라도 여당에 맞서는 강력한 야당 후보를 지지할 가능성이 크므로 양당제 확립이 용이하고 이로써 정국의 불안정이 해소될 수 있다)
다수대표제의 단점	① 1위만이 당선되기 때문에 소수의 이해관계를 대변하지 못하고 1위 이외의 자에게 투표한 표는 사표가 된다. ② 신인 정치인의 발굴이 어렵고 정당의 득표율과 의석수가 역전되는 현상인 표에서 이기고 의석수에서 지는 Bias 현상이 발생될 수 있다.
비례대표제의 장점	① 소수정치세력의 의회진출의 기회를 줌으로써 다양한 국민 여론을 반영할 수 있고 소수자보호에 유리하며, 사표발생을 방지한다. ② 정당을 보고 투표할 수 있어 정당정치의 발전에 기여한다.
비례대표제의 단점	① 후보자의 선정과 그 순위결정에서 정당 간부의 횡포가 개입되어 부조리가 발생할 수 있다. ② 군소정당의 난립으로 정국이 불안정할 수 있다.(이를 방지하기 위하여 일반적으로 비례대표 의석배분에 있어서 일정 미만의 득표나 의석을 얻은 정당을 의석배분에서 배제시키는 조항인 이른바 봉쇄조항 또는 저지조항을 둔다)

비례대표 국회의원	지역구국회의원의석수는 5석, 정당득표율은 3% (공직선거법 제189조)
비례대표 지방의원	유효투표총수의 100분의 5(공직선거법 제190조의2)

(2) 선거구제의 의의와 유형

선거구제란 선거인단을 지역적으로 분할하는 방식을 말한다. 여기에는 1 선거구에서 1인의 대표자를 선출하는 **소선거구제**, 1 선거구에서 보통 2~4인의 대표자를 선출하는 **중선거구제**, 1 선거구에서 5인 이상의 대표자를 선출하는 **대선거구제**가 있다.

4. 현행 선거제도

(1) 선거권 및 피선거권, 기탁금

선거권이란 **선거를 할 수 있는 자격**을 말한다. 선거권이 있는 자만이 선거권을 행사할 수 있으며, 선거권이 있는 자란 선거인명부에 올라 있는 자를 말하며, 선거명부작성일 현재 **18세 이상**의 국민은 선거권을 갖는다.(공직선거법 제15조)

피선거권이란 **선거에 출마할 수 있는 자격**으로 연령과 거주요건에 의한 제한이 있다. 또한 공무원의 경우에는 자신의 직권을 남용하여 선거를 부당하게 이용할 수 있기 때문에 일정기간 전에는 선거에 나올 수 없다.(공직선거법 제53조)

기탁금이란 입후보의 난립과 선거과열을 방지하기 위해서 법에 후보자 등록 신청시에 관할 선거 선거구선거관리위원회에 납부하도록 한 일정한 금액을 말한다. 지나친 기탁금 금액은 기탁금을 마련하지 못한 자를 선거에 입후보할 수 없게 하여 피선거권 침해를 야기할 수 있다.

구 분	대통령 선거	국회의원 선거	지자체장 선거	지방의회의원 선거
선거권	18세 이상(공직선거법 제15조)		18세 이상 다음 어느 하나일 때 1. 해당 지방자치단체의 관할 구역에 주민등록이 되어 있는 사람 2. 재외국민 주민등록표에 3개월 이상 올라와 있는 사람 3. 영주의 체류자격 취득일 후 3년이 경과한 외국인으로서 외국인등록대장에 올라 있는 사람	
피선거권	① 40세 이상 ② 5년이상 국내거주 ③ 국회의원 피선거권이 있는 자	① 18세 이상 ② 거주요건 없음	① 18세 이상 ② 선거일 현재 계속 60일 이상 당해 지방자치단체의 관할 구역안에 주민등록이 되어 있는 자	
선거일 (선거기간)	임기만료전 70일(40일이내) 이후 첫번째 수요일(23일)	임기만료전 50일 이후 첫 번째 수요일(14일)	임기만료전 30일 이후 첫 번째 수요일(14일)	
기탁금	3억	1천5백만원 (비례대표 국회의원은 500만원)	시·도-5천만원 시·군·자치구 1천만원	시·도-300만원 시·군·자치구 200만원
기탁금 반환	• 전액반환 : 당선, 사망, 유효투표 총수의 15%이상 득표(비례대표의 경우에는 소속 정당 후보자 중 당선인이 있을때) • 반액반환 : 유효투표 총수의 10%이상 15% 미만 툭표 • 국고귀속 : 법정기준 미만의 득표, 후보자 사퇴, 후보자 등록무효(당적 변경 등의 사유로), 비례대표의 경우 소속정당의 비례대			

		표 후보자 중 당선자가 없을 때 기탁금은 국가 또는 지방자치단체에 귀속
최고득표자가 2인 이상일 경우	재적 과반수 출석에 다수득표자 당선	연장자
후보자가 1인인 경우	선거권자총수의 1/3	무투표당선

(2) 선거운동 등

1) 선거운동 및 선거운동 기간

> **공직선거법 제58조** ① 이 법에서 "선거운동"이라 함은 당선되거나 되게 하거나 되지 못하게 하기 위한 행위를 말한다. 다만, 다음 각호의 1에 해당하는 행위는 선거운동으로 보지 아니한다.
> 1. 선거에 관한 단순한 의견개진 및 의사표시
> 2. 입후보와 선거운동을 위한 준비행위
> 3. 정당의 후보자 추천에 관한 단순한 지지·반대의 의견개진 및 의사표시
> 4. 통상적인 정당활동
> 5. 삭제
> 6. 설날·추석 등 명절 및 석가탄신일·기독탄신일 등에 하는 의례적인 인사말을 문자메시지로 전송하는 행위
>
> ② 누구든지 자유롭게 선거운동을 할 수 있다. 그러나 이 법 또는 다른 법률의 규정에 의하여 금지 또는 제한되는 경우에는 그러하지 아니하다.

선거운동은 공직선거법이 금지하는 경우 이외의 방법으로 가능하며, 선거운동은 선거기간 개시일부터 선거일 전일까지에 한하여 할 수 있다.(공직선거법 제59조)

2) 선거운동을 할 수 없는 자

대한민국 국민이 아닌 자, 미성년자(18세 미만의 자), 선거권이

없는 자, 공무원, 향토예비군 중대장급 이상의 간부, 통·리·반의 장 및 주민자치위원회위원, 바르게살기운동협의회, 새마을운동협의회, 한국자유총연맹 등은 선거운동을 할 수 없다.(공직선거법 제60조)

3) 호별방문의 금지

선거운동이나 입당을 권유하기 위하여 호별로 방문할 수 없다.(공직선거법 제106조)

4) 여론조사의 결과공표금지

후보자나 정당명의로 된 여론조사를 금지하고 있으며(선거일 전 60일부터 선거일까지) 여론조사(모의 및 인기투표 포함)의 경위와 그 결과를 공표하거나 인용하여 보도할 수 없도록(선거일 전 6일부터 선거일의 투표마감시각까지) 하고 잇다.(공직선거법 제108조)

5. 선거에 관한 소송

(1) 개관

선거에 관한 소송으로는 **선거자체의 효력을 다투는 선거소송과 당선의 효력을 다투는 당선소송**이 있다. 특히 지방의회의원과 지방자치단체의 선거에 관한 소송에 있어서는 사전에 선거소청을 할 수 있다. 선거에 관한 소송은 사유가 발생한 날로부터 10일 또는 30일(대통령, 국회의원의 경우) 이내에 제소하여야 하며, 관할법원은 제소일로부터 180일 이내에 처리하여야 한다.

선거관리위원회 또는 법원은 선거쟁송에 있어서 선거에 관한 규정에 위반된 사실이 있는 때에도 선거결과에 영향을 미쳤다고 인정하는 때에 한하여 선거의 무효 또는 당선의 무효를 결정하거나 판결한다.(공직선거법 제224조)

(2) 소청

1) 선거소청

선거의 효력에 관하여 이의가 있는 선거인, 정당, 후보자는 선거일부터 14일 이내에 당해 선거구 선거관리위원회위원장을 피소청인으로 하여,

① 지역구시·도의원선거, 자치구·시·군의원선거 및 자치구·시·군의 장 선거에 있어서는 시·도선거관리위원회에 ② 비례대표시·도의원선거, 시·도지사선거에 있어서는 중앙 선거관리위원회에 소청할 수 있다.(공직선거법 제219조)

2) 당선소청

당선의 효력에 관하여 이의가 있는 정당, 후보자는 14일 이내에서 당선인 또는 당해 선거구 선거관리위원회위원장을 피소청인으로 하여,

① 지역구시·도의원선거, 자치구·시·군의원선거 및 자치구·시·군의 장 선거에 있어서는 시·도 선거관리위원회에 ② 비례대표시·도의원선거, 시·도지사선거에 있어서는 중앙선거관리위원회에 소청할 수 있다.(공직선거법 제223조)

(3) 선거소송

선거의 효력을 다투는 경우에는 선거인, 정당, 후보자, 소청인(지방의회의원과 지방자치단체장의 선거)은 당해 선거구관리위원회위원장을 피고로(대통령의 경우에는 중앙선거관리위원회위원장을 피고로) 선거소송을 제기할 수 있다. 대통령, 국회의원, 비례대표시·도의원, 시·도지사 선거소송은 대법원에, 지역구시·도의원, 자치구·시·군의원, 자치구·시·군의 장선거의 선거소송은 고등법원에 선거소송을 제기할 수 있다.(공직선거법 제222조)

(4) 당선소송

당선소송은 당선의 효력을 다투는 것이므로 **선거인은 소를 제기할 수 없다**. 정당, 후보자는 대통령선거의 경우에는 당선인 또는 중앙선거관리위원회위원장 또는 국회의장을 피고로, 국회의원선거의 경우에는 당선인 또는 선거관리위원회위원장을 피고로 대법원에 소를 제기할 수 있다.

	선거소송 (공직선거법 제222조)	당선소송 (공직선거법 제223조)
사유	선거의 효력에 관하여 이의가 있을 때	당선의 효력에 관하여 이의가 있을 때
원고	선거인, 정당, 후보자	정당, 후보자
피고	관할 선거관리위원회 위원장 대통령선거: 중선위 위원장	▸ 대통령선거: 당선인, 중선위 위원장, 국회의장, 법무부장관 ▸ 국회의원선거: 당선인, 관할 선관위 위원장 ▸ 지방의회의원, 지방자치단체장 선거: 당선인, 관할 선관위 위원장 ▸ 당선인이 사퇴·사망한 경우: 대통령선거의 경우 법무부장관 그 외에는 관할 고등검찰청 검사장
법원	▸ 대법원: 대통령, 국회의원, 시·도지사선거, 비례대표 시·도의원선거 ▸ 관할 고등법원: 지역구 시·도의원선거, 자치구·시·군의 장 선거	
기간	▸ 대통령선거·국회의원선거: 선거일로부터 30일 이내 ▸ 지방의회의원·지방자치단체장 선거: 선거일로부터 14일 이내 소청 ⇨ 소청결정서를 받은 날로부터 10일 이내 소송제기	▸ 대통령·국회의원선거: 당선인 결정일로부터 30일 이내 ▸ 지방의회의원·지방자치단체장 선거: 선거일로부터 14일 이내 소청 ⇨ 소청결정서를 받은 날로부터 10일 이내 소송제기

제4항 _ 공무원제도

> **제7조** ① 공무원은 국민전체에 대한 봉사자이며, 국민에 대하여 책임을 진다.
> ② 공무원의 신분과 정치적 중립성은 법률이 정하는 바에 의하여 보장된다.

1. 공무원의 의의와 범위

(1) 의의

공무원이란 국가 또는 공공단체와 공법상의 근무관계를 맺고 공공적 업무를 담당하고 있는 자를 말한다.

(2) 종류

1) 헌법 제7조 제1항의 공무원

공무원은 주권자인 국민전체에 대한 봉사자이어야 하고, 국민의 일부나 특정 정당 또는 계급의 이익을 위한 봉사자이어서는 안된다는 의미이다.

여기서의 공무원은 **모든 공무원을 말하는 최광의의 공무원**으로서 경력직, 특수경력직 공무원은 물론, 선거직 공무원 등 정치적 공무원, 일시적으로 위탁받아 공무에 종사하는 자를 포함한다.

2) 헌법 제7조 제2항의 공무원

일반직·특정직·기능직 공무원과 같은 경력직공무원만을 지칭한다.

2. 직업공무원제의 보장

(1) 의의

직업공무원제도란 정권교체에 관계없이 공무원에게 신분을 보장해 주고 국가의 정책집행 기능을 맡김으로써 안정적인 정책집행을 확보하려는 공직구조에 관한 제도적 보장을 의미한다.

직업공무원제도의 공무원은 **협의의 공무원인 경력직 공무원만을 말한다**.

(2) 내용

1) 공무원의 신분보장

공무원은 정권교체 또는 같은 정권하에서도 정당한 이유 없이 해임당하지 아니한다. 이처럼 국민전체에 대한 봉사자로서 의무를 다할 수 있게 하려면 공무원의 신분이 보장되어야 한다.

2) 정치적 중립성

공무원은 국민전체에 대한 봉사자로서 중립적 위치에서 공익을 추구해야 한다. 따라서 정치에 간섭하지 않고 가담하지 않는 소극적 활동을 통해 공무원의 독립성과 전문성을 보장할 수 있다.

3) 능력주의

자격이나 능력을 기준으로 공무원을 임용하거나 승진·전보하는 원칙을 말한다. 다만 합리적인 이유가 있다면 능력주의 예외도 도입이 가능하다.

(3) 공무원의 권리와 의무

1) 권리

공무원은 그 신분이 보장되며, 국민전체에 대한 봉사자로서의 직무를 성실히 수행할 권리인 직무수행권을 가진다. 재산상 권리로서 보수청구권과 연금청구권, 위법·부당하게 불이익을 입은 경우에 소청·행정소송 등을 통하여 시정을 구할 수 있다.

2) 의무

성실의무 이외에 직무전념 의무, 법령준수 의무, 합법적인 직무 명령에 복종의무, 품위유지의무, 비밀엄수의무 등이 있다.

제5항 _ 지방자치제도

> **제117조** ① 지방자치단체는 주민의 복리에 관한 사무를 처리하고 재산을 관리하며, 법령의 범위 안에서 자치에 관한 규정을 제정할 수 있다.
> ② 지방자치단체의 종류는 법률로 정한다.
>
> **제118조** ① 지방자치단체에 의회를 둔다.
> ② 지방의회의 조직·권한·의원선거와 지방자치단체의 장의 선임방법 기타 지방자치단체의 조직과 운영에 관한 사항은 법률로 정한다.

1. 지방자치제도 개관

(1) 의의

지방자치제도란 일정한 지역을 단위로 그 주민이 자신의 책임 하에 자신들이 선출한 기관을 통하여 그 지방사무를 직접 처리하는 것을 말한다.

(2) 법적 성격

지방자치권은 기본권의 일종이라는 견해도 있으나 지방자치제도는 역사적 전통적으로 형성된 제도이고 헌법에 의한 보장된 제도(제도적 보장)이다.

(3) 연혁

	주요 내용
제1공화국 (건국헌법)	지방자치제 규정(법률에 위임, 1949년에 법률제정)
제2공화국 (제3차 개정)	지방자치제도 시행(시·읍·면장의 직선 선출)
제3공화국 (제5차 개정)	지방자치에 관한 임시조치법 제정
제4공화국 (제7차 개정)	지방의회 구성을 조국의 통일 시까지 유예
제5공화국 (제8차 개정)	지방의회 구성을 지방자치단체의 재정자립도를 감안하여 순차적으로 하되 그 구성시기는 법률로 정한다.
현행 헌법 (제9차 개정)	지방의회 유예 규정 폐지, 1988년 지방자치법 전면 개정, 지방의회선거 실시

2. 지방자치단체의 권한

(1) 지방자치단체의 의의

일정한 지역을 기초로 하여 국가로부터 자치권을 부여받아 지역적 사무를 그 권한과 책임 하에 처리하는 법인격을 가진 지방자치의 주체를 말한다.

지방자치법에 의해 일반지방자치단체는 광역지방자치단체인 특별시, 광역시, 특별자치시, 도, 특별자치도와 기초지방자치단체인 시·군 및 구로 구성되어 있다.

(2) 지방자치단체의 권한

1) 자치행정권

① 고유사무(자치사무)

주민의 편리 및 복리증진 사무를 말하며 지방자치단체의 존립 목적이 되는 사무로 이에 관한 국가의 감독은 소극적인 것에 그친다.

② 단체위임사무

법령에 의해 국가 또는 상급지방자치단체로부터 위임된 사무를 처리한다.

③ 기관위임사무

국가 또는 상급지방자치단체로부터 지방자치단체의 집행기관에 위임된 사무를 말한다.

2) 자치재정권

지방자치단체는 재산을 관리하며 재산을 형성 유지할 권한을 가진다. 즉 지방자치단체는 지방세를 부과·징수하고 공공시설의 이용 또는 재산의 사용에 대한 사용료를, 공공시설 설치로 이익을 받은 주민에 대한 분담금 등을 징수할 수 있다.

3) 자치입법권

지방자치단체는 법령의 범위 안에서 자치에 관한 규정을 제정할 수 있는 자치입법권을 가진다. 여기에는 지방의회가 법령의 범위 안에서 그 지방의 사무에 관하여 정하는 조례와 지방자치단체의 장이 법령과 조례의 범위 안에서 그 권한에 속하는 사무에 관하여 정하는 규칙이 있다. 지방자치단체의 사무에 관한 조례와 규칙 중 조례가 상위규범이다.

① 조례의 규율 범위

헌법 제117조 제1항은 '법령의 범위'안의 규칙제정권을 규정하고 있다. 조례의 규율 범위를 살펴보면 자치사무와 단체위임사무는 법률의 위임이 없어도 조례를 제정할 수 있다. 한편 기관위임사무는 법령의 위임이 없으면 조례를 제정할 수 없으나 위임이 있다면 제정이 가능하다.

② 법률 위임의 정도

헌법 제117조 제1항은 '법령의 범위'안의 규칙제정권을 규정하고 있는데, 지방자치법은 제28조 단서에서 조례가 "주민의 권리제한 또는 의무부과에 관한 사항이나 벌칙을 규정할 때에는 법률의 위임이 있어야 한다."고 규정하고 있다.

여기서 '법률의 위임'에 대하여 헌법재판소는 조례에 대한 법률의 위임은 법규명령에 대한 법률의 위임과 같이 반드시 구체적으로 범위를 정하여 할 필요가 없으며 포괄적인 것으로 족하다고 판시하였다.

> **서울시 학생인권조례안** (헌재 2019.1128. 2017헌마1356)
>
> 이 사건 조례 제5조 제3항은 학교구성원인 청구인들의 표현의 자유를 제한하는 것으로 지방자치법 제22조 단서 소정의 주민의 권리 또는 의무 부과에 관한 사항을 규율하는 조례에 해당한다고 볼 여지가 있다. 그런데 조례의 제정권자인 지방의회는 지역적인 민주적 정당성을 지니고 있으며 헌법이 지방자치단체에 대한 포괄적

인 자치권을 보장하고 있는 취지에 비추어, 조례에 대한 법률의 위임은 반드시 구체적으로 범위를 정하여 할 필요가 없으며 포괄적인 것으로 족하다.

③ 제정 절차

	법률	조례
제안	정부, 국회의원 10인	단체장, 조례로 정하는 수 이상의 지방의원
의결	재적 과반수 출석, 출석 과반수 찬성	
이송	정부	단체장
재의요구 기간	15일 이내	20일 이내
재의결	재적 과반수 출석, 출석 2/3 찬성	
발효	공포 후 20일 경과	

3. 지방자치단체에 대한 국가의 통제

지방자치도 국가적 법질서 내에서 인정되는 것이며 지방행정도 중앙행정과 마찬가지로 국가행정의 일부이므로, 지방자치단체가 어느 정도 국가적 감독, 통제를 받는 것은 불가피하다.

(1) 입법적 통제

국회는 법률로, 행정부는 대통령령 등을 통해서 지방자치단체를 통제할 수 있다.

(2) 행정적 통제

1) 지방자치단체의 장의 권한행사에 대한 통제

① 위법·부당한 명령·처분의 시정·취소권

지방자치단체의 사무에 관한 지방자치단체의 장의 명령이나 처분이 법령에 위반되거나 현저히 부당하여 공익을 해친다고 인정되면 시·도에 대해서는 주무부장관이, 시·군 및 자치구에 대해서는 시·도지사가 기간을 정하여 서면으로 시정할 것을 명하고, 그 기간에 이행하지 아니하면 이를 취소하거나 정지할 수 있다.(지방자치법 제188조)

② 직무이행명령권

지방자치단체의 장이 법령에 따라 그 의무에 속하는 국가위임사무나 시·도위임사무의 관리와 집행을 명백히 게을리 하고 있다고 인정되면 시·도에 대해서는 주무부장관이 시·군 및 자치구에 대해서는 시·도지사가 기간을 정하여 서면으로 이행할 사항을 명령할 수 있다.(지방자치법 제189조)

2) 지방의회 의결의 재의 요구와 제소권

지방의회의 의결이 법령에 위반되거나 공익을 현저히 해친다고 판단되면 시·도에 대해서는 주무부장관이, 시·군 및 자치구에 대해서는 시·도지사가 해당 지방자치단체의 장에게 재의를 요구하게 할 수 있고 재의 요구 지시를 받은 지방자치단체의 장은 의결사항을 이송받은 날부터 20일 이내에 지방의회에 이유를 붙여 재의를 요구해야 한다.(지방자치법 제192조)

제6항 _ 교육제도

> **제31조** ① 모든 국민은 능력에 따라 균등하게 교육을 받을 권리를 가진다.
> ② 모든 국민은 그 보호하는 자녀에게 적어도 초등교육과 법률이 정하는 교육을 받게할 의무를 진다.
> ③ 의무교육은 무상으로 한다.
> ④ 교육의 자주성·전문성·정치적 중립성 및 대학의 자율성은 법률이 정하는 바에 의하여 보장된다.
> ⑤ 국가는 평생교육을 진흥하여야 한다.
> ⑥ 학교교육 및 평생교육을 포함한 교육제도와 그 운영, 교육재정 및 교원의 지위에 관한 기본적인 사항은 법률로 정한다.

1. 교육 및 교육을 받을 권리의 의의

(1) 교육의 의의와 목적

교육이란 한 인간의 인격과 능력을 바람직한 방향으로 가르치고 현실화시키며 가정·학교·사회에서의 인간가치의 육성을 위해 인간의 발달 과정을 돕는 모든 활동을 의미한다.

또한 교육은 모든 국민이 타고난 소질을 계발하여 인격을 완성하고 교양과 지식을 갖추게 함으로써 사회에 능력을 발휘하는 데 그 목적이 있다.

(2) 교육을 받을 권리의 의의

모든 국민에게는 교육을 받는 것을 국가로부터 방해받지 아니함은 물론 국가가 적극적으로 배려해주도록 요구할 수 있는 권리인 교육을 받을 권리가 있다.

2. 헌법상 교육제도

(1) 교육의 자주성·전문성·정치적 중립성

'교육의 자주성'이란 교육의 내용이나 교육행정 등이 교육을 담당하는 교육기관에 의하여 이루어져야 함을 말한다. 즉 교육기관이 교육운영에 있어서 자주적인 결정권을 갖는 것이다. 이를 위해서는 교육기관의 국가권력과 설립자로부터의 자유, 교사의 신분보장 등이 필요하다.

> **교육기관의 자유**(헌재 2013.5.30. 2011헌바227)
>
> 헌법 제31조 제4항에 의해 보장되는 교육의 자주성과 전문성은 '교육기관의 자유'와 '교육의 자유'를 보장함으로써 비로소 달성할 수 있는데, '교육기관의 자유'는 교육을 담당하는 교육기관의 교육운영에 관한 자주적인 결정권을 그 내용으로 하고, '교육의 자유'는 교육내용이나 교육방법 등에 관한 자주적인 결정권을 그 내용으로 한다. 그런데 심판대상 법률조항은 교육기관의 교육운영에 관한 자주적인 결정권을 제한하거나 교육내용이나 교육방법을 제한하는 규정이 아니므로 교육의 권리를 제한한다고 볼 여지가 없다. 유아대상 교습시설의 등록제는 교육을 받을 권리와는 무관하다.

'교육의 전문성'이란 교육의 내용이나 교육 방법 등에 관하여 교사가 자주적으로 결정할 수 있는 교육의 자유를 내용으로 한다. 여기서는 교육 내용에 대한 교육행정기관의 권력적 개입의 배제가 확보되어야 한다.

'정치적 중립성'이란 교육이 국가권력이나 정치적 세력의 간섭으로부터 배제되어야 함을 말한다.

교육내용이 국가권력이나 정치·사회·종교적 세력에 의하여 침해되어서는 아니 된다. 모든 교육자에게 정치활동을 금지하여서는 아니 되며, 정당법은 전임강사 이상의 교수들에게 정치활동을 허용하고 있다.

(3) 대학의 자율성

대학의 자치는 학문의 자유를 규정한 헌법 제22조 제1항 "모든 국민은 학문과 예술의 자유를 가진다."에서 창설되고, 헌법 제31조 제4항에서 확인된다.

대학의 자율성이란 대학의 모든 문제를 외부의 영향을 받음이 없이 대학 스스로가 결정·집행하며 그 결과에 대하여 책임을 지는 것을 말한다. 헌법 제31조 제4항의 대학의 자율에 관한 규정은 대학에게 부여된 헌법상 기본권으로, 제9차 개헌에서 신설되었다.

(4) 평생교육의 진흥

헌법은 국가에게 평생교육의 진흥의무를 부과하고 있다. 오늘날은 정규의 학교교육과 병행하여 또는 그 전후에 걸쳐 사회교육, 직업교육 등 다양한 형태의 교육을 평생 동안 실시하고 있는 추세에 있다.

대학의 자율성이란 대학의 모든 문제를 외부의 영향을 받음이 없이 대학 스스로가 결정·집행하며 그 결과에 대하여 책임을 지는 것을 말한다. 헌법 제31조 제4항의 대학의 자율에 관한 규정은 대학에게 부여된 헌법상 기본권으로, 제9차 개헌에서 신설되었다.

(5) 교육제도 법률주의

교육제도 법률주의는 제도적 보장으로서 교육제도, 운영, 교육재정, 교원의 지위에 관한 기본적인 사항을 형식적 의미의 법률에 의해야 한다는 것을 말한다. 즉 헌법 제31조 제6항은 이에 대해서 규정하고 있다.

헌법 제31조 제6항의 교육제도 법정주의는 교육제도에 관한 기본방침을 제외한, 나머지 세부적인 사항까지 반드시 형식적의미의 법률만으로 정하여야 한다는 의미는 아니다.

교원지위법정주의는 제8차 개헌에서 신설되었으며 교원지위법정주의는 교원의 권리 혹은 지위의 보장에 관한 것만이 아니라 교원의 기본권 제한의 근거규정이기도 하다.

> **교원지위법정주의**(헌재 2003.2.27. 2000헌바26)
>
> 교수재임용제 있어서 '기간임용제' 자체에 위헌성이 있는 것이 아니고, 재임용에서 탈락한 교수들이 다툴 수 있는 제도적 장치를 전혀 마련하고 있지 않는 것이 교원지위 법정주의라는 헌법원칙에 위반된다. 대학교육기관의 교원은 당해 학교법인의 정관이 정하는 바에 따라 기간을 정하여 임면할 수 있다고 규정하여 임용기간이 만료되는 대학교원이 재임용이 거부되는 경우에 그 사전절차 및 그에 대하여 다툴수 있는 구제절차 규정을 마련하지 않은 것은 헌법 제31조 제6항의 교원지위법정주의에 위반된다

> **교원지위법정주의**(헌재 2014.4.24. 2012헌바336)
>
> 교원 재임용 심사에 학생교육·학문연구·학생지도라는 3가지 기준을 예시하는 한편 이를 바탕으로 대학이 객관적이고 적절한 평가기준을 마련할 수 있도록 한 것은, 교원의 신분에 대한 부당한 박탈을 방지함과 동시에 대학의 자율성을 도모한 것으로서 교원지위법정주의에 위반되지 아니한다.

제7항 _ 군사제도

> **제86조** ③ 군인은 현역을 면한 후가 아니면 국무총리로 임명될 수 없다.
> **제87조** ④ 군인은 현역을 면한 후가 아니면 국무위원으로 임명될 수 없다.

1. 문민우위의 원칙과 정치적 중립성

국무위원과 국무총리 모두 현역군인은 임용될 수 없는 문민원칙이 채택되었다.

2. 병정통합의 원칙

군정작용이란 국군을 편성·조직하고 병력을 취득·관리하는 작용을 말한다. 군령작용이란 군을 현실적으로 지휘, 통제하는 용병작용을 말한다.

한편 병정분리주의란 군정은 일반행정기관이 맡고 군령은 대통령 직속의 별도 행정기관이 담당하는 군정·군령 이원주의를 말한다. 반면 병정통합주의는 군정·군령을 일반행정기관이 모두 관장하는 군정·군령 일원주의로 정부가 군부를 완전히 지배함으로서 문민우위를 실현할 수 있는 제도를 말한다. 현행 헌법은 병정통합주의를 취하고 있다.

보충내용
헌법재판제도

제1절 헌법재판제도 개관

제1항 _ 헌법재판

1. 헌법재판의 의의

　헌법재판이란 헌법을 운용하는 과정에서 **헌법의 규범내용**이나 기타 헌법문제에 대한 다툼이 생긴 경우에 이를 유권적으로 해결함으로써 **헌법의 규범적 효력**을 지키는 헌법재판담당기관의 **재판**을 말한다.

　헌법재판은 협의로는 위헌법률심판을 말하지만 광의로는 위헌법률심판뿐만 아니라 명령규칙심사, 위헌정당해산심판, 탄핵심판, 권한쟁의심판, 헌법소원심판, 선거소송심판 등을 포함한다.

> 제111조 ① 헌법재판소는 다음 사항을 관장한다.
>   1. 법원의 제청에 의한 법률의 위헌여부심판
>   2. 탄핵의 심판
>   3. 정당의 해산심판
>   4. 국가기관 상호간, 국가기관과 지방자치단체간 및 지방자치단체 상호간의 권한쟁의에 관한 심판
>   5. 법률이 정하는 헌법소원에 관한 심판

2. 헌법재판의 기능

(1) 헌법수호기능

헌법재판은 헌법을 헌법침해로부터 보호하여 헌법의 규범적 효력을 지켜서 헌정생활의 법적 기초를 다지는 기능을 수행한다.

(2) 기본권보장기능

헌법재판은 권력통제의 기능을 통해 통치권의 기본권 기속성과 통치권행사의 절차적 정당성을 확보하여 국민의 자유와 권리를 보호하는 기능을 수행한다.

(3) 권력통제 및 소수자 보호기능

오늘날 입법부와 집행부가 집권정당으로 통합되는 정당국가적 현상이 나타남으로써 고전적·구조적 권력분립이론은 권력통제의 실효성을 상실해 가고 있는 바, 이를 보완하는 '기능적 권력통제'의 한 메커니즘으로서의 헌법재판은 정치의 탈법적 경향에 제동을 걸고 다수의 횡포로부터 소수자를 보호하는 기능을 수행한다.

(4) 정치적 평화보장기능

소수자에게도 헌법재판 제소권을 인정함으로써 대립적 정치세력간에 타협을 가능하게 하고 헌법기관간의 권한쟁의 등을 유권적으로 해결하여 정치적 평화를 보장하는 기능을 수행한다.

제2항 _ 헌법재판기관 구성

1. 헌법재판의 담당기관

(1) 헌법재판소형

일반법원으로부터 독립적인 헌법재판소가 헌법재판을 담당하는 유형이다. 우리나라가 취하는 형태이다.

(2) 일반법원형

일반법원이 헌법재판을 담당하는 유형으로 미국, 일본 등이 채택하는 유형이다.

(3) 특수기관형

헌법재판소도 일반법원도 아닌 특수한 기관이 헌법재판을 담당하는 유형이다. 프랑스의 헌법평의회가에 이에 속한다.

2. 헌법재판소의 구성

(1) 재판관의 임명

헌법재판소는 법관의 자격을 가진 9인의 재판관으로 구성되며 재판관은 대통령이 임명한다.(헌법 제111조 제2항) 그 중 3인은 국회에서 선출하는 자를, 3인은 대법원장이 지명하는 자를 임명한다.(헌법 제111조 제3항) 헌법재판소장은 국회의 동의를 얻어 재판관 중에서 임명한다.(헌법 제111조 제4항)

(2) 재판관의 자격

　　법관의 자격이 있어야 재판관이 될 수 있다.(헌법재판소법 제5조)

(3) 헌법재판소장

　　헌법재판소장은 헌법재판소를 대표하고 헌법재판소의 사무를 총괄하며 소속 공무원을 지휘·감독한다.(헌법재판소법 제12조 제3항) 헌법재판소장이 궐위되거나 부득이한 사유로 직무를 수행할 수 없을 때에는 다른 재판관이 헌법재판소규칙으로 정하는 순서에 따라 그 권한을 대행한다.(헌법재판소 제12조 제4항)

구 분	헌법재판소 재판관
자격	법관자격이 있는 자
기관의 장	국회의 동의를 얻어 대통령이 임명
임명	재판관 9인 모두 대통령이 임명(형식적 임명권)
구성인수	9인으로 구성(국회선출 3인, 대법원장 지명 3인, 대통령 임명 3인)
임기	6년
연임	가능함
신분보장	탄핵 또는 금고 이상의 형의 선고에 의하지 아니하고는 파면당하지 아니함.
정치적 중립성	정당가입이나 정치활동 금지

(4) 재판관회의

재판관회의는 재판관 전원으로 구성되며 헌법재판소장이 의장이 된다.(헌법재판소법 제16조 제1항) 재판관회의는 **재판관 7명 이상의 출석과 출석인원 과반수의 찬성으로 의결하며**(헌법재판소법 제16조 제2항) 의장은 의결에서 표결권을 가진다.(헌법재판소법 제16조 제3항)

구 분	재판관회의
의결정족수	7인 이상 출석, 출석인원 과반수 찬성
의장 표결권	있음
의장 가부동수결정권	없음

제2절 헌법재판의 유형

제1항 _ 위헌법률심판

> 제107조 ① 법률이 헌법에 위반되는 여부가 재판의 전제가 된 경우에는 법원은 헌법재판소에 제청하여 그 심판에 의하여 재판한다.
>
> 제113조 ① 헌법재판소에서 법률의 위헌결정, 탄핵의 결정, 정당해산의 결정 또는 헌법소원에 관한 인용결정을 할 때에는 재판관 6인 이상의 찬성이 있어야 한다.

1. 위헌법률심판의 의의

(1) 개념

위헌법률심판(규범통제심판)이란 법원이나 헌법재판소가 국회가 의결한 법률의 위헌 여부를 심사하여 그 법률이 헌법에 위반되는 것으로 인정하는 경우에 위헌법률의 효력을 상실시키거나 그 적용을 거부함으로써 헌법의 최고규범성을 지키는 제도를 말한다.

(2) 유형

1) 사전예방적 규범통제

예방적 규범통제란 법률이 일단 시행된 연후에 무효가 선언된다면 그에 수반되는 사회적 혼란이 적지 않을 것이기 때문에 법령을 제정·시행하기에 앞서 헌법재판소가 개입하여 위헌적인 법률안의 입법화를 막는 규범통제절차를 말한다.

프랑스에서는 일정한 법률에 관하여 그것이 공포되기 이전에 합헌성을 심사하고 위헌으로 판정되면 그 공포와 시행을 유보하는 제도를 채택하고 있다.

2) 사후교정적 규범통제

① 추상적 규범통제

추상적 규범통제라 함은 **법령의 제정·시행 후 구체적인 소송사건이 제기된 경우도 아니고 그에 의하여 직접적인 기본권의 침해를 받은 바 없음에도** 법령에 대한 위헌의 의문이 있어 제기된 경우에 이를 심판하는 절차를 말한다.

② 구체적 규범통제

구체적 규범통제는 **법령의 제정·시행 후 구체적인 소송사건이 제기되었을 때** 법원의 제청에 의하여 그 사건에 적용될 법령의 위헌 여부를 가리거나 헌법에 합치되도록 해석하여 법령의 합헌성을 통제하는 제도이다.

여기에는 위헌이라고 판단한 법률을 당해 사건에 적용하지 않을 뿐 그 법률 자체를 폐지하는 효과를 낳지 않는 경우와 위헌으로 판정된 법률은 일반적 효력을 상실하는 유형으로 나뉜다. 우리나라는 위헌으로 결정된 법률 또는 법률조항은 효력을 상실하여 그 법률이 폐지된 것과 동일한 효과를 갖는다.

2. 위헌법률심판의 요건

(1) 재판의 전제성

우리 헌법은 구체적 규범통제제도를 채택하고 있으므로 위헌법률심판청구권을 행사하기 위하여는 법률의 위헌여부가 재판의 전제가 되어야만 한다.(헌법 제107조 제1항, 헌법재판소법 제41조 제1항)

'재판의 전제가 된다'함은 위헌심판의 대상이 된 법률이 위헌인가 합헌인가의 여부가 법원이 당해사건에 대해 재판을 하기 위한 선결문제, 즉 전제문제가 된다는 것을 말한다.

이와 같은 재판의 전제성 요건은 위헌법률심판의 구체적 규범통제제도로서의 본질을 보여주는 요건으로서 현행 위헌법률심판절차를 추상적 규범통제제도와 구분해주는 의미를 지니게 된다.

(2) 법원의 위헌법률심판제청

① 의미

위헌법률심판제청권이라 함은 법률의 위헌 여부가 재판의 전제가 된 경우에 법원이 직권으로 또는 소송당사자의 신청에 따른 직권으로 헌법재판소에 위헌법률심판을 제청할 수 있는 권한을 말한다. 헌법 제107조 제1항은 법원의 위헌법률심판제청권을 규정하고 있다.

② 주체

위헌법률심판제청권의 주체는 '법원'으로 여기서 법원은 개개의 소송사건에 관하여 재판권을 행사하는 소송상 의미의 법원을

말한다. 대법원과 각급법원은 물론 군사법원도 위헌법률심판제청을 할 수 있다.(헌법재판소법 제41조 제1항)

위헌법률에 대해서는 재판부가 직권에 의한 제청뿐만 아니라 당사자의 신청에 의한 제청결정도 할 수 있으나, **제청할 권한은 당해 사건을 담당하는 법원의 권한**이다. 개개의 법관이나 사건당사자는 제청권자가 아니다.

③ 효과

법원이 위헌법률심판을 제청한 경우에 **당해 소송사건의 재판은 정지**한다.

> **헌법재판소법 제42조(재판의 정지 등)** ① 법원이 법률의 위헌 여부 심판을 헌법재판소에 제청한 때에는 **당해 소송사건의 재판은 헌법재판소의 위헌 여부의 결정이 있을 때까지 정지된다.** 다만 법원이 긴급하다고 인정하는 경우에는 종국재판 외의 소송절차를 진행할 수 있다.

3. 위헌법률심판의 대상

헌법 제107조 제1항은 "법률이 헌법에 위배되는지 여부가 …"라고 하여 위헌법률심판의 대상은 '법률'이다. 여기서의 법률은 형식적 의미의 법률은 물론이고 그와 동일한 효력을 가지는 법규범까지 모두 포함한다.

따라서 긴급명령과 긴급재정경제명령은 물론이고 조약도 위헌법률심판의 대상에 포함된다. 폐지된 법률이나 개정 전의 법률에 의하여 국민의 권익침해가 있었고, 그로 인한 법률상태가 재판 시까지 계속되는 경우에는 심판의 대상이 될 수 있다.

4. 위헌법률심판의 심사기준과 관점

(1) 심판 기준

위헌법률심판의 법률이 헌법에 위반되는 여부를 심판하는 것이므로 심판의 기준은 헌법이다. 위헌법률심판의 기준인 헌법은 원칙적으로 형식적 의미의 헌법(헌법 전문·본문·부칙을 포함)을 의미한다. 그리고 여기의 헌법에는 헌법의 기본원리나 근본적 결단을 포함하는 개념으로 보아야 한다.

또한 헌법적 관습이나 관행, 관례인 관습헌법도 위헌심판에서 심판의 기준이 된다.

(2) 심판 관점

제청법원이나 제청신청인이 주장하는 법적관점에서만이 아니라 심판대상규범의 법적 효과를 고려하여 **모든 헌법적 관점에서 심사한다.**

법원의 위헌제청을 통하여 제한되는 것은 오로지 심판의 대상인 법률조항이지 위헌심사의 기준이 아니다.

5. 위헌법률심판의 내용과 범위

(1) 심판 내용

위헌법률심판은 합목적성 여부의 심사가 아닌 법률의 합헌성 여부의 판단을 그 내용으로 한다. 법률의 합헌성판단에는 법률의 형식적 합헌성(성립절차 등) 뿐만 아니라 실질적 합헌성(내용)에 관한 판단까지 포함된다.

(2) 심판 범위

> **헌법재판소법 제45조(위헌결정)** 헌법재판소는 제청된 법률 또는 법률 조항의 위헌 여부만을 결정한다. 다만 법률 조항의 위헌결정으로 인하여 해당 법률 전부를 시행할 수 없다고 인정될 때에는 그 전부에 대하여 위헌결정을 할 수 있다.

1) 원칙

헌법재판소법 제45조는 "헌법재판소는 제청된 법률 또는 법률조항의 위헌여부만을 결정한다."고 규정하여 헌법재판소는 원칙적으로 제청법원이 위헌제청한 법률 또는 법률조항만을 심판의 대상으로 삼을 수 있다.

이는 당해 법률의 위헌심사를 제청하는 기관과 심판하는 기관을 별개로 하는 구체적 규범통제제도의 기본적 구조로부터 필연적으로 생기는 결론이고, 사법작용에 일반적으로 적용되는 신청주의에 담겨 있는 권력분립원리의 표현이다.

2) 예외

헌법재판소법 제45조 단서는 "일부조항의 위헌결정으로 당해 법률 전부를 시행할 수 없다고 인정할 때에는, 그 법률전부에 대하여 위헌결정을 할 수 있다."라고 하여 예외적인 판단범위의 확장을 규정하고 있다.

6. 결정 유형

(1) 합헌결정

심판대상이 된 법률(조항)의 위헌여부를 심사한 결과 헌법위반의 점을 발견할 수 없어 합헌이라고 판단하는 경우에 내리는 유형이다. 우리 헌법재판소는 "(법률 또는 법률조항)은 **헌법에 위반되지 아니한다.**"는 주문형식의 **합헌결정**을 하고 있다.

(2) 위헌결정

헌법재판소 재판관 9인중 6인 이상의 찬성을 얻어 심판대상이 된 법률 또는 법률조항에 대해 위헌성을 확인하는 결정유형이다. 헌법재판소는 "(법률 또는 법률조항)은 **헌법에 위반된다.**"라는 주문형식의 **위헌결정**을 하고 있다.

(3) 변형결정

1) 의의

변형결정이라 함은 헌법재판소가 법률의 위헌여부를 심사함에 있어서 심판대상인 법률의 위헌성이 인정됨에도 불구하고 헌법합치적 해석의 필요 또는 입법자의 형성권에 대한 존중, 법적 공백으로 인한 혼란의 방지 등을 이유로, 법률에 대한 단순 위헌선언을 피하고 그 한정된 의미영역 또는 적용영역이 위헌임을 선언하거나 법률이 헌법에 합치하지 않음을 선언하는 등 다양한 결정유형을 말한다.

이는 헌법해석의 기본원리인 헌법합치적 법률해석의 법리와 전부부정 결정권은 일부부정 결정권을 포함한다는 논리에 근거하고 있다.

2) 종류

① 한정합헌결정

한정합헌결정이라 함은 해석에 따라 위헌이 되는 부분을 포함하고 있는 법률에 있어 그 법률의 의미를 헌법의 정신에 합치되도록 <u>한정적으로 축소해석하여 위헌적인 요소를 소극적으로 배제하는 결정</u>을 말한다.

헌법재판소는 <u>한정합헌결정도 위헌결정의 범주에 드는 것이므로 헌법재판소 재판관 6인 이상의 찬성을 요한다고 한다.</u>

② 한정위헌결정

한정위헌결정이라 함은 불확정개념이나 다의적인 해석이 가능하여 위헌의 소지가 있는 법률에 대하여 (헌법과 조화를 이룰 수 없는 확대해석은 헌법에 위반되어 채택할 수 없다고) <u>위헌적인 요소를 적극적으로 배제하는 결정</u>을 말한다.

한정위헌결정도 위헌결정의 범주에 드는 것이므로 헌법재판소 재판관 6인 이상의 찬성을 요한다.

구 분	한정합헌
개념	~해석하는 한 합헌
위헌적 요소	소극적 배제
본질적 차이	없음

③ 헌법불합치결정

헌법불합치결정이란 위헌법률심판의 대상이 된 **법률의 위헌성을 인정하면서도 입법자의 입법형성의 자유을 존중하고 법의 공백과 혼란을 피하기 위하여 당해 법률의 효력을 일정기간 지속시키는 결정** 유형을 말한다.

헌법불합치결정은 원칙적으로 **법률의 위헌성을 확인하되, 그 형식적 존속을 유지시키면서,** 입법자에게 법률의 위헌성을 제거할 의무를 부과하고 입법자의 입법개선이 있기까지 국가기관으로 하여금 위헌적 법률의 적용을 중지시킴으로써 개선된 신법의 적용을 명하는 효력을 갖는다.

법률이 헌법과 합치되지 아니한다고 선언된 경우 그와 같은 헌법불합치 상태는 하루 빨리 법개정을 통하여 제거되어야 할 것이며, 불합치상태를 제거하기 위한 가능한 방법 중 어느 것을 선택할 것인가는 입법권자의 재량에 속한다.

7. 위헌결정의 효력

(1) 위헌결정의 기속력

> **헌법재판소법 제47조(위헌결정의 효력)** ① 법률의 위헌결정은 법원과 그 밖의 국가기관 및 지방자치단체를 기속한다.

1) 개념

기속력은 헌법재판소 결정의 **취지에 반하는 행위를 금지하는 효력**이다. 따라서 헌법재판소가 위헌 결정한 법률을 적용한 행정청의 처분이나 법원의 재판은 기속력에 반하게 된다.

2) 범위

법률의 위헌결정은 제청법원뿐만 아니라 모든 법원 기타 국가기관 및 지방자치단체를 기속한다. 또한 자기기속력이 있어 헌법재판소도 이를 스스로 취소·변경할 수 없다.

3) 변형결정에 대한 기속력

헌법재판소법 제47조 제1항은 위헌결정의 기속력을 규정하고 있지만 변형결정에 대해서는 규정하고 있지 않다. 이에 대해 대법원은 한정위헌결정은 법률해석에 불과하다하여 기속력을 인정하고 있지 않으나 헌법재판소 판례에 의하면 변형결정(한정위헌, 한정합헌, 헌법불합치결정)은 위헌결정의 일종이므로 기속력을 가진다.

(2) 일반적 효력

> **헌법재판소법 제47조(위헌결정의 효력)** ② 위헌으로 결정된 법률 또는 법률의 조항은 그 결정이 있는 날부터 효력을 상실한다.

일반적으로 구체적 규범통제의 경우에는 위헌결정이 있더라도 당해 사건에 한하여 그 적용 거부밖에 할 수 없는데(개별적 효력), 우리 헌법재판소법는 헌법재판소법 제47조 제2항에서 위헌 결정된 법률 또는 법률조항의 효력을 일반적으로 상실시키고 있다.

(3) 위헌결정의 효력발생시기

> **헌법재판소법 제47조(위헌결정의 효력)** ③ 제2항에도 불구하고 형벌에 관한 법률 또는 법률의 조항은 소급하여 그 효력을 상실한다. 다만 해당 법률 또는 법률의 조항에 대하여 종전에 합헌으로 결정한 사건이 있는

> 경우에는 그 결정이 있는 날의 다음 날로 소급하여 효력을 상실한다.
> ④ 제3항의 경우에 위헌으로 결정된 법률 또는 법률의 조항에 근거한 유죄의 확정판결에 대하여는 재심을 청구할 수 있다.

위헌결정의 효력발생시기에 대해 헌법재판소법은 원칙적으로 **장래효**(위헌결정의 효력이 <u>위헌결정시점에서 발생</u>)가 원칙임을 선언하고 있고, 예외적으로 형벌조항에 관한 위헌결정은 **소급효**(위헌결정의 효력이 <u>위헌사유가 발생한 시점부터 발생</u>)가 인정된다고 하고 있다.

재판 중에 형벌조항에 대해 위헌결정이 나온 경우 위헌결정은 행위시로 소급하므로 행위 당시에 법률은 그 효력을 상실하여 법률이 없으므로 범죄가 있을 수 없어 법원은 무죄판결을 한다. 한편 이미 형이 확정된 경우에는 법원에 재심을 청구할 수 있다.

제2항 _ 헌법소원심판(권리구제형 헌법소원)

> **헌법 제111조** ① 헌법재판소는 다음 사항을 관장한다.
> 5. 법률이 정하는 헌법소원에 관한 심판
>
> **헌법재판소법 제68조(청구사유)** ① 공권력의 행사 또는 불행사로 인하여 헌법상 보장된 기본권을 침해받은 자는 법원의 재판을 제외하고는 헌법재판소에 헌법소원심판을 청구할 수 있다. 다만 다른 법률에 구제절차가 있는 경우에는 그 절차를 모두 거친 후가 아니면 청구할 수 없다.
> ② 제41조 제1항의 규정에 의한 법률의 위헌여부심판의 제청신청이 기각된 때에는 그 신청을 한 당사자는 헌법재판소에 헌법소원심판을 청구할 수 있다. 이 경우 그 당사자는 당해 사건의 소송절차에서 동일한 사유를 이유로 다시 위헌여부심판의 제청을 신청할 수 없다. 헌법재판소에서 법률의 위헌결정, 탄핵의 결정, 정당해산의 결정 또는 헌법소원에 관한 인용결정을 할 때에는 재판관 6인 이상의 찬성이 있어야 한다.

1. 헌법소원의 의의

(1) 개념

헌법소원이라 함은 공권력의 행사 또는 불행사로 인하여 헌법상 보장된 기본권을 침해받은 자가 헌법재판소에 그 심사를 청구하여 그 침해의 원인이 된 공권력의 행사를 취소하거나 그 불행사가 위헌임을 확인받는 제도를 말한다.

현행헌법은 제111조 제1항 제5호에서 '법률이 정하는 헌법소원에 관한 심판'을 헌법재판소의 관장사항으로 규정하여 헌법소원제도를 처음으로 도입하였는데 헌법재판소법은 제68조에서 제75조에 걸쳐 헌법소원심판에 관한 규정을 두고 있다.

(2) 기능

헌법소원은 국민의 주관적 권리를 구제하는 기본권보장기능과 동시에 공권력 행사를 통제함으로써 객관적 헌법질서를 수호하는 기능을 수행한다. 이를 헌법소원의 이중적 기능이라 한다.

2. 헌법소원의 종류

(1) 권리구제형 헌법소원

이는 공권력의 행사 또는 불행사로 인하여 헌법상 보장된 기본권을 침해받은 자가 다른 법률에 의한 구제절차를 모두 거친 다음 헌법재판소에 그 구제를 청구하는 경우에 헌법재판소가 그 당부를 심사하여 기본권 침해의 원인이 된 공권력을 취소하거나 위헌임을 확인하는 심판절차를 말한다.(헌법재판소법 제68조 제1항) 본래의 의미의 헌법소원 또는 협의의 헌법소원이란 권리구제형 헌법소원을 말한다.

(2) 위헌심사형 헌법소원(위헌소원)

이는 일반법원의 재판절차가 진행되는 과정에서 재판의 전제가 되는 법률에 대하여 당사자의 위헌법률심판제청신청이 있었을 때 법원이 이 신청을 이유 없다고 기각한 경우, 그 신청을 한 당사자가 직접 헌법재판소에 당해 법률의 위헌여부에 대한 심판을 청구하며 제기하는 헌법소원(헌법재판소법 제68조 제2항)을 말한다. 광의의 헌법소원이라고 할 때에는 위헌심사형 헌법소원도 포함된다.

구 분	제68조 제2항 헌법소원	제41조 제1항 위헌법률심판
본질	규범 통제	규범 통제
형식	헌법소원	위헌법률심판
청구권자/ 제청권자	당사자	법원
청구효과/ 제청효과	재판진행	재판중지
심판대상	위헌법률심판 제청 신청 후 기각당한 법률	법률

3. 헌법소원심판의 청구(청구인능력)

(1) 의의

 누가 헌법소원을 청구할 수 있느냐의 문제로 기본권의 주체가 될 수 있는 자, 즉 기본권능력이 있는 자만이 헌법소원심판을 청구할 수 있다. 헌법소원제도는 공권력 작용으로 인하여 침해받은 기본권을 구제하는 제도이기 때문이다.

(2) 자연인

 권리구제형 헌법소원을 청구할 수 있는 자는 공권력의 행사 또는 불행사로 인하여 헌법상 보장된 자신의 기본권이 침해되었다고 주장하는 모든 국민이다. 대한민국 국적을 가진 모든 자연인은 기본권의 주체가 되며, 따라서 대한민국 국적을 가진 모든 국민이 헌법소원을 청구할 수 있다. 반면 외국국적 또는 무국적의 자연인은 자연권적 성질을 갖는 기본권들과 관련해서만 헌법소원을 제기할 수 있다고 보아야 한다.

(3) 사법인과 기타 사적 결사

사법인이나 기타 권리능력 없는 결사도 향유할 수 있는 기본권의 침해가 문제된 경우에는 헌법소원을 제기할 수 있다. 법인격이 있는 사법상의 사단이나 재단이 성질상 기본권주체가 될 수 있는 범위에서 청구인능력을 가진다는 점은 명백하다. 권리능력 없는 단체라 하더라도 그 구성원과 독립하여 집단적으로 기본권을 행사하는 경우라면 청구인능력을 인정하여야 할 것이다.

(4) 국가, 지방자치단체나 공법인

국민의 기본권을 보호 내지 실현할 책임과 의무를 지는 국가기관이나 그 일부 또는 공무원은 헌법소원을 청구할 수 없다.

다만 공권력의 주체라 할지라도 국·공립대학이나 공영방송국과 같이 국가에 대해 독립성을 가지고 있는 독자적인 기구로서 해당 기본권영역에서 개인들의 기본권실현에도 이바지하는 경우에는 예외적으로 기본권주체가 될 수 있으며, 따라서 헌법소원을 제기할 수 있다고 할 것이다.

4. 헌법소원심판청구의 (실질적) 요건

(1) 공권력의 행사·불행사(대상적격)

헌법소원심판청구의 대상이 되는 행위는 공권력작용에 속해야 하는 바, 입법작용, 행정작용, 사법작용과 같이 모든 국가기관의 적극적인 작위행위와 소극적인 부작위행위를 포함한다.

(2) 기본권의 침해(청구인적격)

1) 자기관련성

공권력작용에 대하여 심판청구인 자신의 기본권이 침해당한 경우에 헌법소원심판청구의 자기관련성요건이 충족된다. 제3자의 기본권침해에 대해서는 원칙적으로 헌법소원심판을 청구할 수 없다.

2) 직접성

청구인은 공권력작용으로 청구인은 공권력작용으로 인하여 직접적으로 기본권이 침해되어야 한다. 따라서 '공권력의 행사 또는 불행사로 인하여 간접적 또는 반사적으로 불이익을 받은 자'는 기본권의 침해를 받은 자가 아니다.

3) 현재성

청구인은 공권력작용과 현재 관련이 있어야 하며, 장래 어느 때인가 관련될 수 있을 것이라는 것만으로는 헌법소원을 제기하기에 족하지 않다. 즉, 청구인이 현재 기본권을 침해당한 경우이어야 한다.

그러나 헌법재판소는 '현재성 요건'을 완화하여 기본권침해가 장래에 발생하더라도 그 침해가 틀림없을 것으로 현재 확실히 예측된다면 기본권구제의 실효성을 위하여 '침해의 현재성'을 인정한다.

(3) 보충성

1) 원칙

헌법소원은 다른 법률에 구제절차가 있는 경우에는 그 절차를 모두 거친 후에 심판청구를 하여야 한다.(헌법재판소법 제68조 제1항 단서) 이를 '헌법소원의 보충성'이라고 한다.

여기서 말하는 '권리구제절차'는 공권력의 행사 또는 불행사를 직접 대상으로 하여 그 효력을 다툴 수 있는 권리구제절차를 의미하는 것이지, 사후적·보충적 구제수단인 손해배상청구나 손실보상청구를 의미하는 것이 아니다.

또한 '다른 법률에 의한 구제절차를 거친 후'란 다른 법률에 의한 구제절차를 '적법하게' 거친 경우를 말한다.

2) 예외

이상과 같은 보충성에도 불구하고 일정한 경우 헌법재판소는 보충성의 예외를 인정하고 있다. 보충성의 예외는 명문규정이 아닌 헌법재판소의 판례에 의해 인정되고 있다.

헌법재판소가 인정하고 있는 보충성의 예외로는, ① 문제가 된 공권력의 행사나 불행사를 직접 대상으로 하여 그 효력을 다툴 수 있는 권리구제절차가 없는 경우, ② 헌법소원청구인이 그 불이익으로 돌릴 수 없는 정당한 이유가 있는 착오로 전심절차를 밟지 않은 경우, ③ 전심절차로 권리가 구제될 가능성이 거의 없거나 권리구제절차가 허용되는지 여부가 객관적으로 불확실하거나, 아니면 헌법소원심판 청구인에게 불필요한 우회절차를 강요하는 것밖에 되지 않는 등 전심절차이행의 기대가능성이 없는 경우 등이 있다.

(4) 권리보호의 이익

'권리보호의 이익'이란 소송 제도을 이용할 정당한 이익 또는 필요성을 말한다. 헌법소원제도는 국민의 기본권침해를 구제해 주는 제도이므로 현실적·실제적으로 구제의 효과를 가져올 수 없는 상황(권리보호의 이익이 없음)이라면 헌법소원심판청구는 부적법하여 각하를 면할 수 없다.

그러므로 기본권의 침해를 받은 자가 그 구제를 받기 위한 헌법소원심판을 청구한 뒤 기본권침해의 원인이 된 공권력의 행사가 취소되거나 새로운 공권력의 행사 등 사정변경으로 말미암아 기본권 침해행위가 배제되어 청구인이 더 이상 기본권을 침해받고 있지 아니하게 된 때에는, 달리 불분명한 헌법문제의 해명이나 침해반복의 위험 등을 이유로 한 심판의 이익이 있다 할 특별한 사정이 없는 한 그 헌법소원심판청구는 더 이상 권리보호의 이익이 없게 되어 부적법하다는 것이 헌법재판소의 견해이다.

5. 헌법소원의 심판 절차

(1) 지정재판부의 사전심사

헌법소원의 남소로 인한 헌법재판소이 업무량 과다를 조절하기 위한 장치로서 사전심사제를 두고 있다. 즉 전원재판부의 심의에 앞서 재판관 3인으로 구성된 지정재판부로 하여금 헌법소원의 사전심사를 하여 재판부의 심판에 회부여부를 결정하게 하는 제도이다.(헌법재판소법 제72조 제1항)

(2) 심판청구의 각하

지정재판부의 재판장은 심판청구서를 심사하여 심판청구가 부적법하나 보정할 수 있다고 인정하는 경우에는 상당한 기간을 정하여 보정을 요구하여야 하고, 헌법재판소법 제72조 제3항 소정의 각 호에 해당하는 경우에는 **지정재판부 재판관 전원의 일치된 의견에 의한 결정으로 심판청구를 각하**한다.

(3) 심판회부의 결정

지정재판부가 심판청구를 각하하지 아니하는 경우에는 결정으로 그 사건을 전원재판부에 회부하여야 하는데 심판청구일로부터 30일이 경과할 때까지 각하결정이 없는 때에는 전원재판부에 회부하는 결정이 있는 것으로 본다.(헌법재판소법 제72조 제4항)

6. 헌법소원심판의 결정 형식

(1) 각하 결정

헌법소원심판의 요건을 결한 경우에 내리는 결정형식이다.

(2) 기각 결정

헌법소원심판 청구가 '이유 없는' 경우이다. 즉 공권력의 행사 또는 불행사로 헌법상 보장된 기본권이 침해되었음이 인정되지 아니하여 청구인의 주장을 배척하는 결정형식이다.

(3) 인용 결정

헌법소원심판 청구가 '이유 있는' 경우이다. 즉 공권력의 행사 또는 불행사로 헌법상 보장된 기본권이 침해되었음이 인정되었음을 인정하여 내리는 결정형식이다. 헌법재판소법 제75조 제3항에 따라 기본권침해의 원인이 된 공권력의 행사를 취소하거나 그 불행사가 위헌임을 확인할 수 있다.

(4) 심판절차종료선언

청구인이 사망하였으나 수계할 당사자가 없는 경우 혹은 청구인이 헌법소원심판청구를 취하하는 경우에 내리는 결정이다.

구 분	제68조 제1항 헌법소원	제68조 제2항 헌법소원
본질	권리 구제, 예외적 규범 통제(입법 작용인 법률이 기본권을 침해하는 경우)	규범 통제
기본권침해 전제	O	×
대상	공권력 행사 · 불행사	법률
청구인	기본권 주체	기본권 주체가 아닌 공법인도 가능
요건	대상적격, 청구인적격, 보충성, 권리보호이익	재판의 전제성
재판의 정지	정지 ×	정지 ×

03

부록
대한민국헌법

[시행 1988. 2. 25.] [헌법 제10호, 1987. 10. 29., 전부개정]

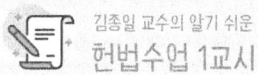

김종일 교수의 알기 쉬운
헌법수업 1교시

대한민국 헌법

전 문

　유구한 역사와 전통에 빛나는 우리 대한국민은 3·1운동으로 건립된 대한민국임시정부의 법통과 불의에 항거한 4·19민주이념을 계승하고, 조국의 민주개혁과 평화적 통일의 사명에 입각하여 정의·인도와 동포애로써 민족의 단결을 공고히 하고, 모든 사회적 폐습과 불의를 타파하며, 자율과 조화를 바탕으로 자유민주적 기본질서를 더욱 확고히 하여 정치·경제·사회·문화의 모든 영역에 있어서 각인의 기회를 균등히 하고, 능력을 최고도로 발휘하게 하며, 자유와 권리에 따르는 책임과 의무를 완수하게 하여, 안으로는 국민생활의 균등한 향상을 기하고 밖으로는 항구적인 세계평화와 인류공영에 이바지함으로써 우리들과 우리들의 자손의 안전과 자유와 행복을 영원히 확보할 것을 다짐하면서 1948년 7월 12일에 제정되고 8차에 걸쳐 개정된 헌법을 이제 국회의 의결을 거쳐 국민투표에 의하여 개정한다.

제1장 _ 총강

제1조 ① 대한민국은 민주공화국이다.
② 대한민국의 주권은 국민에게 있고, 모든 권력은 국민으로부터 나온다.

제2조 ① 대한민국의 국민이 되는 요건은 법률로 정한다.
② 국가는 법률이 정하는 바에 의하여 재외국민을 보호할 의무를 진다.

제3조 대한민국의 영토는 한반도와 그 부속도서로 한다.

제4조 대한민국은 통일을 지향하며, 자유민주적 기본질서에 입각한 평화적 통일 정책을 수립하고 이를 추진한다.

제5조 ① 대한민국은 국제평화의 유지에 노력하고 침략적 전쟁을 부인한다.
② 국군은 국가의 안전보장과 국토방위의 신성한 의무를 수행함을 사명으로 하며, 그 정치적 중립성은 준수된다.

제6조 ① 헌법에 의하여 체결·공포된 조약과 일반적으로 승인된 국제법규는 국내법과 같은 효력을 가진다.
② 외국인은 국제법과 조약이 정하는 바에 의하여 그 지위가 보장된다.

제7조 ① 공무원은 국민전체에 대한 봉사자이며, 국민에 대하여 책임을 진다.
② 공무원의 신분과 정치적 중립성은 법률이 정하는 바에 의하여 보장된다.

제8조 ① 정당의 설립은 자유이며, 복수정당제는 보장된다.
② 정당은 그 목적·조직과 활동이 민주적이어야 하며, 국민의 정치적 의사형성에 참여하는데 필요한 조직을 가져야 한다.
③ 정당은 법률이 정하는 바에 의하여 국가의 보호를 받으며, 국가는 법률이 정하는 바에 의하여 정당운영에 필요한 자금을 보조할 수 있다.
④ 정당의 목적이나 활동이 민주적 기본질서에 위배될 때에는 정부는 헌법재판소에 그 해산을 제소할 수 있고, 정당은 헌법재판소의 심판에 의하여 해산된다.

제9조 국가는 전통문화의 계승·발전과 민족문화의 창달에 노력하여야 한다.

제2장 _ 국민의 권리와 의무

제10조 모든 국민은 인간으로서의 존엄과 가치를 가지며, 행복을 추구할 권리를 가진다. 국가는 개인이 가지는 불가침의 기본적 인권을 확인하고 이를 보장할 의무를 진다.

제11조 ① 모든 국민은 법 앞에 평등하다. 누구든지 성별·종교 또는 사회적 신분에 의하여 정치적·경제적·사회적·문화적 생활의 모든 영역에 있어서 차별을 받지 아니한다.
② 사회적 특수계급의 제도는 인정되지 아니하며, 어떠한 형태로도 이를 창설할 수 없다.
③ 훈장등의 영전은 이를 받은 자에게만 효력이 있고, 어떠한 특권도 이에 따르지 아니한다.

제12조 ① 모든 국민은 신체의 자유를 가진다. 누구든지 법률에 의하지 아니하고는 체포·구속·압수·수색 또는 심문을 받지 아니하며, 법률과 적법한 절차에 의하지 아니하고는 처벌·보안처분 또는 강제노역을 받지 아니한다.
② 모든 국민은 고문을 받지 아니하며, 형사상 자기에게 불리한 진술을 강요당하지 아니한다.
③ 체포·구속·압수 또는 수색을 할 때에는 적법한 절차에 따라 검사의 신청에 의하여 법관이 발부한 영장을 제시하여야 한다. 다만, 현행범인인 경우와 장기 3년 이상의 형에 해당하는 죄를 범하고 도피 또는 증거인멸의 염려가 있을 때에는 사후에 영장을 청구할 수 있다.
④ 누구든지 체포 또는 구속을 당한 때에는 즉시 변호인의 조력을 받을 권리를 가진다. 다만, 형사피고인이 스스로 변호인을 구할 수 없을 때에는 법률이 정하는 바에 의하여 국가가 변호인을 붙인다.
⑤ 누구든지 체포 또는 구속의 이유와 변호인의 조력을 받을 권리가 있음을 고지받지 아니하고는 체포 또는 구속을 당하지 아니한다. 체

포 또는 구속을 당한 자의 가족등 법률이 정하는 자에게는 그 이유와 일시·장소가 지체없이 통지되어야 한다.
⑥ 누구든지 체포 또는 구속을 당한 때에는 적부의 심사를 법원에 청구할 권리를 가진다.
⑦ 피고인의 자백이 고문·폭행·협박·구속의 부당한 장기화 또는 기망 기타의 방법에 의하여 자의로 진술된 것이 아니라고 인정될 때 또는 정식재판에 있어서 피고인의 자백이 그에게 불리한 유일한 증거일 때에는 이를 유죄의 증거로 삼거나 이를 이유로 처벌할 수 없다.

제13조 ① 모든 국민은 행위시의 법률에 의하여 범죄를 구성하지 아니하는 행위로 소추되지 아니하며, 동일한 범죄에 대하여 거듭 처벌받지 아니한다.
② 모든 국민은 소급입법에 의하여 참정권의 제한을 받거나 재산권을 박탈당하지 아니한다.
③ 모든 국민은 자기의 행위가 아닌 친족의 행위로 인하여 불이익한 처우를 받지 아니한다.

제14조 모든 국민은 거주·이전의 자유를 가진다.

제15조 모든 국민은 직업선택의 자유를 가진다.

제16조 모든 국민은 주거의 자유를 침해받지 아니한다. 주거에 대한 압수나 수색을 할 때에는 검사의 신청에 의하여 법관이 발부한 영장을 제시하여야 한다.

제17조 모든 국민은 사생활의 비밀과 자유를 침해받지 아니한다.

제18조 모든 국민은 통신의 비밀을 침해받지 아니한다.

제19조 모든 국민은 양심의 자유를 가진다.

제20조 ① 모든 국민은 종교의 자유를 가진다.
② 국교는 인정되지 아니하며, 종교와 정치는 분리된다.

제21조 ① 모든 국민은 언론·출판의 자유와 집회·결사의 자유를 가진다.

② 언론·출판에 대한 허가나 검열과 집회·결사에 대한 허가는 인정되지 아니한다.
③ 통신·방송의 시설기준과 신문의 기능을 보장하기 위하여 필요한 사항은 법률로 정한다.
④ 언론·출판은 타인의 명예나 권리 또는 공중도덕이나 사회윤리를 침해하여서는 아니된다. 언론·출판이 타인의 명예나 권리를 침해한 때에는 피해자는 이에 대한 피해의 배상을 청구할 수 있다.

제22조 ① 모든 국민은 학문과 예술의 자유를 가진다.
② 저작자·발명가·과학기술자와 예술가의 권리는 법률로써 보호한다.

제23조 ① 모든 국민의 재산권은 보장된다. 그 내용과 한계는 법률로 정한다.
② 재산권의 행사는 공공복리에 적합하도록 하여야 한다.
③ 공공필요에 의한 재산권의 수용·사용 또는 제한 및 그에 대한 보상은 법률로써 하되, 정당한 보상을 지급하여야 한다.

제24조 모든 국민은 법률이 정하는 바에 의하여 선거권을 가진다.

제25조 모든 국민은 법률이 정하는 바에 의하여 공무담임권을 가진다.

제26조 ① 모든 국민은 법률이 정하는 바에 의하여 국가기관에 문서로 청원할 권리를 가진다.
② 국가는 청원에 대하여 심사할 의무를 진다.

제27조 ① 모든 국민은 헌법과 법률이 정한 법관에 의하여 법률에 의한 재판을 받을 권리를 가진다.
② 군인 또는 군무원이 아닌 국민은 대한민국의 영역안에서는 중대한 군사상 기밀·초병·초소·유독음식물공급·포로·군용물에 관한 죄중 법률이 정한 경우와 비상계엄이 선포된 경우를 제외하고는 군사법원의 재판을 받지 아니한다.
③ 모든 국민은 신속한 재판을 받을 권리를 가진다. 형사피고인은

상당한 이유가 없는 한 지체없이 공개재판을 받을 권리를 가진다.
④ 형사피고인은 유죄의 판결이 확정될 때까지는 무죄로 추정된다.
⑤ 형사피해자는 법률이 정하는 바에 의하여 당해 사건의 재판절차에서 진술할 수 있다.

제28조 형사피의자 또는 형사피고인으로서 구금되었던 자가 법률이 정하는 불기소처분을 받거나 무죄판결을 받은 때에는 법률이 정하는 바에 의하여 국가에 정당한 보상을 청구할 수 있다.

제29조 ① 공무원의 직무상 불법행위로 손해를 받은 국민은 법률이 정하는 바에 의하여 국가 또는 공공단체에 정당한 배상을 청구할 수 있다. 이 경우 공무원 자신의 책임은 면제되지 아니한다.
② 군인·군무원·경찰공무원 기타 법률이 정하는 자가 전투·훈련 등 직무집행과 관련하여 받은 손해에 대하여는 법률이 정하는 보상 외에 국가 또는 공공단체에 공무원의 직무상 불법행위로 인한 배상은 청구할 수 없다.

제30조 타인의 범죄행위로 인하여 생명·신체에 대한 피해를 받은 국민은 법률이 정하는 바에 의하여 국가로부터 구조를 받을 수 있다.

제31조 ① 모든 국민은 능력에 따라 균등하게 교육을 받을 권리를 가진다.
② 모든 국민은 그 보호하는 자녀에게 적어도 초등교육과 법률이 정하는 교육을 받게 할 의무를 진다.
③ 의무교육은 무상으로 한다.
④ 교육의 자주성·전문성·정치적 중립성 및 대학의 자율성은 법률이 정하는 바에 의하여 보장된다.
⑤ 국가는 평생교육을 진흥하여야 한다.
⑥ 학교교육 및 평생교육을 포함한 교육제도와 그 운영, 교육재정 및 교원의 지위에 관한 기본적인 사항은 법률로 정한다.

제32조 ① 모든 국민은 근로의 권리를 가진다. 국가는 사회적·경

제적 방법으로 근로자의 고용의 증진과 적정임금의 보장에 노력하여야 하며, 법률이 정하는 바에 의하여 최저임금제를 시행하여야 한다.
② 모든 국민은 근로의 의무를 진다. 국가는 근로의 의무의 내용과 조건을 민주주의원칙에 따라 법률로 정한다.
③ 근로조건의 기준은 인간의 존엄성을 보장하도록 법률로 정한다.
④ 여자의 근로는 특별한 보호를 받으며, 고용·임금 및 근로조건에 있어서 부당한 차별을 받지 아니한다.
⑤ 연소자의 근로는 특별한 보호를 받는다.
⑥ 국가유공자·상이군경 및 전몰군경의 유가족은 법률이 정하는 바에 의하여 우선적으로 근로의 기회를 부여받는다.

제33조 ① 근로자는 근로조건의 향상을 위하여 자주적인 단결권·단체교섭권 및 단체행동권을 가진다.
② 공무원인 근로자는 법률이 정하는 자에 한하여 단결권·단체교섭권 및 단체행동권을 가진다.
③ 법률이 정하는 주요방위산업체에 종사하는 근로자의 단체행동권은 법률이 정하는 바에 의하여 이를 제한하거나 인정하지 아니할 수 있다.

제34조 ① 모든 국민은 인간다운 생활을 할 권리를 가진다.
② 국가는 사회보장·사회복지의 증진에 노력할 의무를 진다.
③ 국가는 여자의 복지와 권익의 향상을 위하여 노력하여야 한다.
④ 국가는 노인과 청소년의 복지향상을 위한 정책을 실시할 의무를 진다.
⑤ 신체장애자 및 질병·노령 기타의 사유로 생활능력이 없는 국민은 법률이 정하는 바에 의하여 국가의 보호를 받는다.
⑥ 국가는 재해를 예방하고 그 위험으로부터 국민을 보호하기 위하여 노력하여야 한다.

제35조 ① 모든 국민은 건강하고 쾌적한 환경에서 생활할 권리를 가지며, 국가와 국민은 환경보전을 위하여 노력하여야 한다.

② 환경권의 내용과 행사에 관하여는 법률로 정한다.
③ 국가는 주택개발정책등을 통하여 모든 국민이 쾌적한 주거생활을 할 수 있도록 노력하여야 한다.

제36조 ① 혼인과 가족생활은 개인의 존엄과 양성의 평등을 기초로 성립되고 유지되어야 하며, 국가는 이를 보장한다.
② 국가는 모성의 보호를 위하여 노력하여야 한다.
③ 모든 국민은 보건에 관하여 국가의 보호를 받는다.

제37조 ① 국민의 자유와 권리는 헌법에 열거되지 아니한 이유로 경시되지 아니한다.
② 국민의 모든 자유와 권리는 국가안전보장·질서유지 또는 공공복리를 위하여 필요한 경우에 한하여 법률로써 제한할 수 있으며, 제한하는 경우에도 자유와 권리의 본질적인 내용을 침해할 수 없다.

제38조 모든 국민은 법률이 정하는 바에 의하여 납세의 의무를 진다.

제39조 ① 모든 국민은 법률이 정하는 바에 의하여 국방의 의무를 진다.
② 누구든지 병역의무의 이행으로 인하여 불이익한 처우를 받지 아니한다.

제3장 _ 국회

제40조 입법권은 국회에 속한다.

제41조 ① 국회는 국민의 보통·평등·직접·비밀선거에 의하여 선출된 국회의원으로 구성한다.
② 국회의원의 수는 법률로 정하되, 200인 이상으로 한다.
③ 국회의원의 선거구와 비례대표제 기타 선거에 관한 사항은 법률로 정한다.

제42조 국회의원의 임기는 4년으로 한다.

제43조 국회의원은 법률이 정하는 직을 겸할 수 없다.

제44조 ① 국회의원은 현행범인인 경우를 제외하고는 회기중 국회의 동의없이 체포 또는 구금되지 아니한다.
② 국회의원이 회기전에 체포 또는 구금된 때에는 현행범인이 아닌 한 국회의 요구가 있으면 회기중 석방된다.

제45조 국회의원은 국회에서 직무상 행한 발언과 표결에 관하여 국회외에서 책임을 지지 아니한다.

제46조 ① 국회의원은 청렴의 의무가 있다.
② 국회의원은 국가이익을 우선하여 양심에 따라 직무를 행한다.
③ 국회의원은 그 지위를 남용하여 국가·공공단체 또는 기업체와의 계약이나 그 처분에 의하여 재산상의 권리·이익 또는 직위를 취득하거나 타인을 위하여 그 취득을 알선할 수 없다.

제47조 ① 국회의 정기회는 법률이 정하는 바에 의하여 매년 1회 집회되며, 국회의 임시회는 대통령 또는 국회재적의원 4분의 1 이상의 요구에 의하여 집회된다.
② 정기회의 회기는 100일을, 임시회의 회기는 30일을 초과할 수 없다.
③ 대통령이 임시회의 집회를 요구할 때에는 기간과 집회요구의 이유를 명시하여야 한다.

제48조 국회는 의장 1인과 부의장 2인을 선출한다.

제49조 국회는 헌법 또는 법률에 특별한 규정이 없는 한 재적의원 과반수의 출석과 출석의원 과반수의 찬성으로 의결한다. 가부동수인 때에는 부결된 것으로 본다.

제50조 ① 국회의 회의는 공개한다. 다만, 출석의원 과반수의 찬성이 있거나 의장이 국가의 안전보장을 위하여 필요하다고 인정할 때에는 공개하지 아니할 수 있다.
② 공개하지 아니한 회의내용의 공표에 관하여는 법률이 정하는 바에 의한다.

제51조 국회에 제출된 법률안 기타의 의안은 회기중에 의결되지 못한 이유로 폐기되지 아니한다. 다만, 국회의원의 임기가 만료된 때에는 그러하지 아니하다.

제52조 국회의원과 정부는 법률안을 제출할 수 있다.

제53조 ① 국회에서 의결된 법률안은 정부에 이송되어 15일 이내에 대통령이 공포한다.
② 법률안에 이의가 있을 때에는 대통령은 제1항의 기간내에 이의서를 붙여 국회로 환부하고, 그 재의를 요구할 수 있다. 국회의 폐회 중에도 또한 같다.
③ 대통령은 법률안의 일부에 대하여 또는 법률안을 수정하여 재의를 요구할 수 없다.
④ 재의의 요구가 있을 때에는 국회는 재의에 붙이고, 재적의원과반수의 출석과 출석의원 3분의 2 이상의 찬성으로 전과 같은 의결을 하면 그 법률안은 법률로서 확정된다.
⑤ 대통령이 제1항의 기간내에 공포나 재의의 요구를 하지 아니한 때에도 그 법률안은 법률로서 확정된다.
⑥ 대통령은 제4항과 제5항의 규정에 의하여 확정된 법률을 지체없이 공포하여야 한다. 제5항에 의하여 법률이 확정된 후 또는 제4항에 의한 확정법률이 정부에 이송된 후 5일 이내에 대통령이 공포하

지 아니할 때에는 국회의장이 이를 공포한다.

⑦ 법률은 특별한 규정이 없는 한 공포한 날로부터 20일을 경과함으로써 효력을 발생한다.

제54조 ① 국회는 국가의 예산안을 심의·확정한다.

② 정부는 회계연도마다 예산안을 편성하여 회계연도 개시 90일전까지 국회에 제출하고, 국회는 회계연도 개시 30일전까지 이를 의결하여야 한다.

③ 새로운 회계연도가 개시될 때까지 예산안이 의결되지 못한 때에는 정부는 국회에서 예산안이 의결될 때까지 다음의 목적을 위한 경비는 전년도 예산에 준하여 집행할 수 있다.

  1. 헌법이나 법률에 의하여 설치된 기관 또는 시설의 유지·운영
  2. 법률상 지출의무의 이행
  3. 이미 예산으로 승인된 사업의 계속

제55조 ① 한 회계연도를 넘어 계속하여 지출할 필요가 있을 때에는 정부는 연한을 정하여 계속비로서 국회의 의결을 얻어야 한다.

② 예비비는 총액으로 국회의 의결을 얻어야 한다. 예비비의 지출은 차기국회의 승인을 얻어야 한다.

제56조 정부는 예산에 변경을 가할 필요가 있을 때에는 추가경정예산안을 편성하여 국회에 제출할 수 있다.

제57조 국회는 정부의 동의없이 정부가 제출한 지출예산 각항의 금액을 증가하거나 새 비목을 설치할 수 없다.

제58조 국채를 모집하거나 예산외에 국가의 부담이 될 계약을 체결하려 할 때에는 정부는 미리 국회의 의결을 얻어야 한다.

제59조 조세의 종목과 세율은 법률로 정한다.

제60조 ① 국회는 상호원조 또는 안전보장에 관한 조약, 중요한 국제조직에 관한 조약, 우호통상항해조약, 주권의 제약에 관한 조약, 강화조약, 국가나 국민에게 중대한 재정적 부담을 지우는 조약 또는 입법사항에 관한 조약의 체결·비준에 대한 동의권을 가진다.

② 국회는 선전포고, 국군의 외국에의 파견 또는 외국군대의 대한민국 영역안에서의 주류에 대한 동의권을 가진다.

제61조 ① 국회는 국정을 감사하거나 특정한 국정사안에 대하여 조사할 수 있으며, 이에 필요한 서류의 제출 또는 증인의 출석과 증언이나 의견의 진술을 요구할 수 있다.
② 국정감사 및 조사에 관한 절차 기타 필요한 사항은 법률로 정한다.

제62조 ① 국무총리·국무위원 또는 정부위원은 국회나 그 위원회에 출석하여 국정처리상황을 보고하거나 의견을 진술하고 질문에 응답할 수 있다.
② 국회나 그 위원회의 요구가 있을 때에는 국무총리·국무위원 또는 정부위원은 출석·답변하여야 하며, 국무총리 또는 국무위원이 출석요구를 받은 때에는 국무위원 또는 정부위원으로 하여금 출석·답변하게 할 수 있다.

제63조 ① 국회는 국무총리 또는 국무위원의 해임을 대통령에게 건의할 수 있다.
② 제1항의 해임건의는 국회재적의원 3분의 1 이상의 발의에 의하여 국회재적의원 과반수의 찬성이 있어야 한다.

제64조 ① 국회는 법률에 저촉되지 아니하는 범위안에서 의사와 내부규율에 관한 규칙을 제정할 수 있다.
② 국회는 의원의 자격을 심사하며, 의원을 징계할 수 있다.
③ 의원을 제명하려면 국회재적의원 3분의 2 이상의 찬성이 있어야 한다.
④ 제2항과 제3항의 처분에 대하여는 법원에 제소할 수 없다.

제65조 ① 대통령·국무총리·국무위원·행정각부의 장·헌법재판소 재판관·법관·중앙선거관리위원회 위원·감사원장·감사위원 기타 법률이 정한 공무원이 그 직무집행에 있어서 헌법이나 법률을 위배한 때에는 국회는 탄핵의 소추를 의결할 수 있다.
② 제1항의 탄핵소추는 국회재적의원 3분의 1 이상의 발의가 있어

야 하며, 그 의결은 국회재적의원 과반수의 찬성이 있어야 한다. 다만, 대통령에 대한 탄핵소추는 국회재적의원 과반수의 발의와 국회재적의원 3분의 2 이상의 찬성이 있어야 한다.
③ 탄핵소추의 의결을 받은 자는 탄핵심판이 있을 때까지 그 권한행사가 정지된다.
④ 탄핵결정은 공직으로부터 파면함에 그친다. 그러나, 이에 의하여 민사상이나 형사상의 책임이 면제되지는 아니한다.

제4장 _ 정부

제1절 대통령

제66조 ① 대통령은 국가의 원수이며, 외국에 대하여 국가를 대표한다.
② 대통령은 국가의 독립·영토의 보전·국가의 계속성과 헌법을 수호할 책무를 진다.
③ 대통령은 조국의 평화적 통일을 위한 성실한 의무를 진다.
④ 행정권은 대통령을 수반으로 하는 정부에 속한다.

제67조 ① 대통령은 국민의 보통·평등·직접·비밀선거에 의하여 선출한다.
② 제1항의 선거에 있어서 최고득표자가 2인 이상인 때에는 국회의 재적의원 과반수가 출석한 공개회의에서 다수표를 얻은 자를 당선자로 한다.
③ 대통령후보자가 1인일 때에는 그 득표수가 선거권자 총수의 3분의 1 이상이 아니면 대통령으로 당선될 수 없다.
④ 대통령으로 선거될 수 있는 자는 국회의원의 피선거권이 있고 선거일 현재 40세에 달하여야 한다.
⑤ 대통령의 선거에 관한 사항은 법률로 정한다.

제68조 ① 대통령의 임기가 만료되는 때에는 임기만료 70일 내지 40일전에 후임자를 선거한다.
② 대통령이 궐위된 때 또는 대통령 당선자가 사망하거나 판결 기타의 사유로 그 자격을 상실한 때에는 60일 이내에 후임자를 선거한다.

제69조 대통령은 취임에 즈음하여 다음의 선서를 한다.
"나는 헌법을 준수하고 국가를 보위하며 조국의 평화적 통일과 국민의 자유와 복리의 증진 및 민족문화의 창달에 노력하여 대통령으로서의 직책을 성실히 수행할 것을 국민 앞에 엄숙히 선서합니다."

제70조 대통령의 임기는 5년으로 하며, 중임할 수 없다.

제71조 대통령이 궐위되거나 사고로 인하여 직무를 수행할 수 없을 때에는 국무총리, 법률이 정한 국무위원의 순서로 그 권한을 대행한다.

제72조 대통령은 필요하다고 인정할 때에는 외교·국방·통일 기타 국가안위에 관한 중요정책을 국민투표에 붙일 수 있다.

제73조 대통령은 조약을 체결·비준하고, 외교사절을 신임·접수 또는 파견하며, 선전포고와 강화를 한다.

제74조 ① 대통령은 헌법과 법률이 정하는 바에 의하여 국군을 통수한다.
② 국군의 조직과 편성은 법률로 정한다.

제75조 대통령은 법률에서 구체적으로 범위를 정하여 위임받은 사항과 법률을 집행하기 위하여 필요한 사항에 관하여 대통령령을 발할 수 있다.

제76조 ① 대통령은 내우·외환·천재·지변 또는 중대한 재정·경제상의 위기에 있어서 국가의 안전보장 또는 공공의 안녕질서를 유지하기 위하여 긴급한 조치가 필요하고 국회의 집회를 기다릴 여유가 없을 때에 한하여 최소한으로 필요한 재정·경제상의 처분을 하거나 이에 관하여 법률의 효력을 가지는 명령을 발할 수 있다.
② 대통령은 국가의 안위에 관계되는 중대한 교전상태에 있어서 국가를 보위하기 위하여 긴급한 조치가 필요하고 국회의 집회가 불가능한 때에 한하여 법률의 효력을 가지는 명령을 발할 수 있다.
③ 대통령은 제1항과 제2항의 처분 또는 명령을 한 때에는 지체없이 국회에 보고하여 그 승인을 얻어야 한다.
④ 제3항의 승인을 얻지 못한 때에는 그 처분 또는 명령은 그때부터 효력을 상실한다. 이 경우 그 명령에 의하여 개정 또는 폐지되었던 법률은 그 명령이 승인을 얻지 못한 때부터 당연히 효력을 회복한다.

⑤ 대통령은 제3항과 제4항의 사유를 지체없이 공포하여야 한다.

제77조 ① 대통령은 전시·사변 또는 이에 준하는 국가비상사태에 있어서 병력으로써 군사상의 필요에 응하거나 공공의 안녕질서를 유지할 필요가 있을 때에는 법률이 정하는 바에 의하여 계엄을 선포할 수 있다.
② 계엄은 비상계엄과 경비계엄으로 한다.
③ 비상계엄이 선포된 때에는 법률이 정하는 바에 의하여 영장제도, 언론·출판·집회·결사의 자유, 정부나 법원의 권한에 관하여 특별한 조치를 할 수 있다.
④ 계엄을 선포한 때에는 대통령은 지체없이 국회에 통고하여야 한다.
⑤ 국회가 재적의원 과반수의 찬성으로 계엄의 해제를 요구한 때에는 대통령은 이를 해제하여야 한다.

제78조 대통령은 헌법과 법률이 정하는 바에 의하여 공무원을 임면한다.

제79조 ① 대통령은 법률이 정하는 바에 의하여 사면·감형 또는 복권을 명할 수 있다.
② 일반사면을 명하려면 국회의 동의를 얻어야 한다.
③ 사면·감형 및 복권에 관한 사항은 법률로 정한다.

제80조 대통령은 법률이 정하는 바에 의하여 훈장 기타의 영전을 수여한다.

제81조 대통령은 국회에 출석하여 발언하거나 서한으로 의견을 표시할 수 있다.

제82조 대통령의 국법상 행위는 문서로써 하며, 이 문서에는 국무총리와 관계 국무위원이 부서한다. 군사에 관한 것도 또한 같다.

제83조 대통령은 국무총리·국무위원·행정각부의 장 기타 법률이 정하는 공사의 직을 겸할 수 없다.

제84조 대통령은 내란 또는 외환의 죄를 범한 경우를 제외하고는

재직중 형사상의 소추를 받지 아니한다.

제85조 전직대통령의 신분과 예우에 관하여는 법률로 정한다.

제2절 행정부

제1관 국무총리와 국무위원

제86조 ① 국무총리는 국회의 동의를 얻어 대통령이 임명한다.
② 국무총리는 대통령을 보좌하며, 행정에 관하여 대통령의 명을 받아 행정각부를 통할한다.
③ 군인은 현역을 면한 후가 아니면 국무총리로 임명될 수 없다.

제87조 ① 국무위원은 국무총리의 제청으로 대통령이 임명한다.
② 국무위원은 국정에 관하여 대통령을 보좌하며, 국무회의의 구성원으로서 국정을 심의한다.
③ 국무총리는 국무위원의 해임을 대통령에게 건의할 수 있다.
④ 군인은 현역을 면한 후가 아니면 국무위원으로 임명될 수 없다.

제2관 국무회의

제88조 ① 국무회의는 정부의 권한에 속하는 중요한 정책을 심의한다.
② 국무회의는 대통령·국무총리와 15인 이상 30인 이하의 국무위원으로 구성한다.
③ 대통령은 국무회의의 의장이 되고, 국무총리는 부의장이 된다.

제89조 다음 사항은 국무회의의 심의를 거쳐야 한다.
  1. 국정의 기본계획과 정부의 일반정책
  2. 선전·강화 기타 중요한 대외정책

3. 헌법개정안·국민투표안·조약안·법률안 및 대통령령안
　4. 예산안·결산·국유재산처분의 기본계획·국가의 부담이 될 계약 기타 재정에 관한 중요사항
　5. 대통령의 긴급명령·긴급재정경제처분 및 명령 또는 계엄과 그 해제
　6. 군사에 관한 중요사항
　7. 국회의 임시회 집회의 요구
　8. 영전수여
　9. 사면·감형과 복권
　10. 행정각부간의 권한의 획정
　11. 정부안의 권한의 위임 또는 배정에 관한 기본계획
　12. 국정처리상황의 평가·분석
　13. 행정각부의 중요한 정책의 수립과 조정
　14. 정당해산의 제소
　15. 정부에 제출 또는 회부된 정부의 정책에 관계되는 청원의 심사
　16. 검찰총장·합동참모의장·각군참모총장·국립대학교총장·대사 기타 법률이 정한 공무원과 국영기업체관리자의 임명
　17. 기타 대통령·국무총리 또는 국무위원이 제출한 사항

제90조 ① 국정의 중요한 사항에 관한 대통령의 자문에 응하기 위하여 국가원로로 구성되는 국가원로자문회의를 둘 수 있다.
② 국가원로자문회의의 의장은 직전대통령이 된다. 다만, 직전대통령이 없을 때에는 대통령이 지명한다.
③ 국가원로자문회의의 조직·직무범위 기타 필요한 사항은 법률로 정한다.

제91조 ① 국가안전보장에 관련되는 대외정책·군사정책과 국내정책의 수립에 관하여 국무회의의 심의에 앞서 대통령의 자문에 응하기 위하여 국가안전보장회의를 둔다.
② 국가안전보장회의는 대통령이 주재한다.
③ 국가안전보장회의의 조직·직무범위 기타 필요한 사항은 법률로

정한다.

제92조 ① 평화통일정책의 수립에 관한 대통령의 자문에 응하기 위하여 민주평화통일자문회의를 둘 수 있다.
② 민주평화통일자문회의의 조직·직무범위 기타 필요한 사항은 법률로 정한다.

제93조 ① 국민경제의 발전을 위한 중요정책의 수립에 관하여 대통령의 자문에 응하기 위하여 국민경제자문회의를 둘 수 있다.
② 국민경제자문회의의 조직·직무범위 기타 필요한 사항은 법률로 정한다.

제3관 행정각부

제94조 행정각부의 장은 국무위원 중에서 국무총리의 제청으로 대통령이 임명한다.

제95조 국무총리 또는 행정각부의 장은 소관사무에 관하여 법률이나 대통령령의 위임 또는 직권으로 총리령 또는 부령을 발할 수 있다.

제96조 행정각부의 설치·조직과 직무범위는 법률로 정한다.

제4관 감사원

제97조 국가의 세입·세출의 결산, 국가 및 법률이 정한 단체의 회계검사와 행정기관 및 공무원의 직무에 관한 감찰을 하기 위하여 대통령 소속하에 감사원을 둔다.

제98조 ① 감사원은 원장을 포함한 5인 이상 11인 이하의 감사위원으로 구성한다.
② 원장은 국회의 동의를 얻어 대통령이 임명하고, 그 임기는 4년으

로 하며, 1차에 한하여 중임할 수 있다.
③ 감사위원은 원장의 제청으로 대통령이 임명하고, 그 임기는 4년으로 하며, 1차에 한하여 중임할 수 있다.

제99조 감사원은 세입·세출의 결산을 매년 검사하여 대통령과 차년도국회에 그 결과를 보고하여야 한다.

제100조 감사원의 조직·직무범위·감사위원의 자격·감사대상공무원의 범위 기타 필요한 사항은 법률로 정한다.

제5장 _ 법원

제101조 ① 사법권은 법관으로 구성된 법원에 속한다.
② 법원은 최고법원인 대법원과 각급법원으로 조직된다.
③ 법관의 자격은 법률로 정한다.

제102조 ① 대법원에 부를 둘 수 있다.
② 대법원에 대법관을 둔다. 다만, 법률이 정하는 바에 의하여 대법관이 아닌 법관을 둘 수 있다.
③ 대법원과 각급법원의 조직은 법률로 정한다.

제103조 법관은 헌법과 법률에 의하여 그 양심에 따라 독립하여 심판한다.

제104조 ① 대법원장은 국회의 동의를 얻어 대통령이 임명한다.
② 대법관은 대법원장의 제청으로 국회의 동의를 얻어 대통령이 임명한다.
③ 대법원장과 대법관이 아닌 법관은 대법관회의의 동의를 얻어 대법원장이 임명한다.

제105조 ① 대법원장의 임기는 6년으로 하며, 중임할 수 없다.
② 대법관의 임기는 6년으로 하며, 법률이 정하는 바에 의하여 연임할 수 있다.
③ 대법원장과 대법관이 아닌 법관의 임기는 10년으로 하며, 법률이 정하는 바에 의하여 연임할 수 있다.
④ 법관의 정년은 법률로 정한다.

제106조 ① 법관은 탄핵 또는 금고 이상의 형의 선고에 의하지 아니하고는 파면되지 아니하며, 징계처분에 의하지 아니하고는 정직·감봉 기타 불리한 처분을 받지 아니한다.
② 법관이 중대한 심신상의 장해로 직무를 수행할 수 없을 때에는 법률이 정하는 바에 의하여 퇴직하게 할 수 있다.

제107조 ① 법률이 헌법에 위반되는 여부가 재판의 전제가 된 경우에는 법원은 헌법재판소에 제청하여 그 심판에 의하여 재판한다.
② 명령·규칙 또는 처분이 헌법이나 법률에 위반되는 여부가 재판의 전제가 된 경우에는 대법원은 이를 최종적으로 심사할 권한을 가진다.
③ 재판의 전심절차로서 행정심판을 할 수 있다. 행정심판의 절차는 법률로 정하되, 사법절차가 준용되어야 한다.

제108조 대법원은 법률에 저촉되지 아니하는 범위안에서 소송에 관한 절차, 법원의 내부규율과 사무처리에 관한 규칙을 제정할 수 있다.

제109조 재판의 심리와 판결은 공개한다. 다만, 심리는 국가의 안전보장 또는 안녕질서를 방해하거나 선량한 풍속을 해할 염려가 있을 때에는 법원의 결정으로 공개하지 아니할 수 있다.

제110조 ① 군사재판을 관할하기 위하여 특별법원으로서 군사법원을 둘 수 있다.
② 군사법원의 상고심은 대법원에서 관할한다.
③ 군사법원의 조직·권한 및 재판관의 자격은 법률로 정한다.
④ 비상계엄하의 군사재판은 군인·군무원의 범죄나 군사에 관한 간첩죄의 경우와 초병·초소·유독음식물공급·포로에 관한 죄중 법률이 정한 경우에 한하여 단심으로 할 수 있다. 다만, 사형을 선고한 경우에는 그러하지 아니하다.

제6장 _ 헌법재판소

제111조 ① 헌법재판소는 다음 사항을 관장한다.
  1. 법원의 제청에 의한 법률의 위헌여부 심판
  2. 탄핵의 심판
  3. 정당의 해산 심판
  4. 국가기관 상호간, 국가기관과 지방자치단체간 및 지방자치단체 상호간의 권한쟁의에 관한 심판
  5. 법률이 정하는 헌법소원에 관한 심판
② 헌법재판소는 법관의 자격을 가진 9인의 재판관으로 구성하며, 재판관은 대통령이 임명한다.
③ 제2항의 재판관중 3인은 국회에서 선출하는 자를, 3인은 대법원장이 지명하는 자를 임명한다.
④ 헌법재판소의 장은 국회의 동의를 얻어 재판관중에서 대통령이 임명한다.

제112조 ① 헌법재판소 재판관의 임기는 6년으로 하며, 법률이 정하는 바에 의하여 연임할 수 있다.
② 헌법재판소 재판관은 정당에 가입하거나 정치에 관여할 수 없다.
③ 헌법재판소 재판관은 탄핵 또는 금고 이상의 형의 선고에 의하지 아니하고는 파면되지 아니한다.

제113조 ① 헌법재판소에서 법률의 위헌결정, 탄핵의 결정, 정당해산의 결정 또는 헌법소원에 관한 인용결정을 할 때에는 재판관 6인 이상의 찬성이 있어야 한다.
② 헌법재판소는 법률에 저촉되지 아니하는 범위안에서 심판에 관한 절차, 내부규율과 사무처리에 관한 규칙을 제정할 수 있다.
③ 헌법재판소의 조직과 운영 기타 필요한 사항은 법률로 정한다.

제7장 _ 선거관리

제114조 ① 선거와 국민투표의 공정한 관리 및 정당에 관한 사무를 처리하기 위하여 선거관리위원회를 둔다.
② 중앙선거관리위원회는 대통령이 임명하는 3인, 국회에서 선출하는 3인과 대법원장이 지명하는 3인의 위원으로 구성한다. 위원장은 위원중에서 호선한다.
③ 위원의 임기는 6년으로 한다.
④ 위원은 정당에 가입하거나 정치에 관여할 수 없다.
⑤ 위원은 탄핵 또는 금고 이상의 형의 선고에 의하지 아니하고는 파면되지 아니한다.
⑥ 중앙선거관리위원회는 법령의 범위안에서 선거관리·국민투표관리 또는 정당사무에 관한 규칙을 제정할 수 있으며, 법률에 저촉되지 아니하는 범위안에서 내부규율에 관한 규칙을 제정할 수 있다.
⑦ 각급 선거관리위원회의 조직·직무범위 기타 필요한 사항은 법률로 정한다.

제115조 ① 각급 선거관리위원회는 선거인명부의 작성등 선거사무와 국민투표사무에 관하여 관계 행정기관에 필요한 지시를 할 수 있다.
② 제1항의 지시를 받은 당해 행정기관은 이에 응하여야 한다.

제116조 ① 선거운동은 각급 선거관리위원회의 관리하에 법률이 정하는 범위안에서 하되, 균등한 기회가 보장되어야 한다.
② 선거에 관한 경비는 법률이 정하는 경우를 제외하고는 정당 또는 후보자에게 부담시킬 수 없다.

제8장 _ 지방자치

제117조 ① 지방자치단체는 주민의 복리에 관한 사무를 처리하고 재산을 관리하며, 법령의 범위안에서 자치에 관한 규정을 제정할 수 있다.
② 지방자치단체의 종류는 법률로 정한다.

제118조 ① 지방자치단체에 의회를 둔다.
② 지방의회의 조직·권한·의원선거와 지방자치단체의 장의 선임방법 기타 지방자치단체의 조직과 운영에 관한 사항은 법률로 정한다.

제9장 _ 경제

제119조 ① 대한민국의 경제질서는 개인과 기업의 경제상의 자유와 창의를 존중함을 기본으로 한다.
② 국가는 균형있는 국민경제의 성장 및 안정과 적정한 소득의 분배를 유지하고, 시장의 지배와 경제력의 남용을 방지하며, 경제주체간의 조화를 통한 경제의 민주화를 위하여 경제에 관한 규제와 조정을 할 수 있다.

제120조 ① 광물 기타 중요한 지하자원·수산자원·수력과 경제상 이용할 수 있는 자연력은 법률이 정하는 바에 의하여 일정한 기간 그 채취·개발 또는 이용을 특허할 수 있다.
② 국토와 자원은 국가의 보호를 받으며, 국가는 그 균형있는 개발과 이용을 위하여 필요한 계획을 수립한다.

제121조 ① 국가는 농지에 관하여 경자유전의 원칙이 달성될 수 있도록 노력하여야 하며, 농지의 소작제도는 금지된다.

② 농업생산성의 제고와 농지의 합리적인 이용을 위하거나 불가피한 사정으로 발생하는 농지의 임대차와 위탁경영은 법률이 정하는 바에 의하여 인정된다.

제122조 국가는 국민 모두의 생산 및 생활의 기반이 되는 국토의 효율적이고 균형있는 이용·개발과 보전을 위하여 법률이 정하는 바에 의하여 그에 관한 필요한 제한과 의무를 과할 수 있다.

제123조 ① 국가는 농업 및 어업을 보호·육성하기 위하여 농·어촌종합개발과 그 지원등 필요한 계획을 수립·시행하여야 한다.
② 국가는 지역간의 균형있는 발전을 위하여 지역경제를 육성할 의무를 진다.
③ 국가는 중소기업을 보호·육성하여야 한다.
④ 국가는 농수산물의 수급균형과 유통구조의 개선에 노력하여 가격안정을 도모함으로써 농·어민의 이익을 보호한다.
⑤ 국가는 농·어민과 중소기업의 자조조직을 육성하여야 하며, 그 자율적 활동과 발전을 보장한다.

제124조 국가는 건전한 소비행위를 계도하고 생산품의 품질향상을 촉구하기 위한 소비자보호운동을 법률이 정하는 바에 의하여 보장한다.

제125조 국가는 대외무역을 육성하며, 이를 규제·조정할 수 있다.

제126조 국방상 또는 국민경제상 긴절한 필요로 인하여 법률이 정하는 경우를 제외하고는, 사영기업을 국유 또는 공유로 이전하거나 그 경영을 통제 또는 관리할 수 없다.

제127조 ① 국가는 과학기술의 혁신과 정보 및 인력의 개발을 통하여 국민경제의 발전에 노력하여야 한다.
② 국가는 국가표준제도를 확립한다.
③ 대통령은 제1항의 목적을 달성하기 위하여 필요한 자문기구를 둘 수 있다.

제10장 _ 헌법개정

제128조 ① 헌법개정은 국회재적의원 과반수 또는 대통령의 발의로 제안된다.
② 대통령의 임기연장 또는 중임변경을 위한 헌법개정은 그 헌법개정 제안 당시의 대통령에 대하여는 효력이 없다.

제129조 제안된 헌법개정안은 대통령이 20일 이상의 기간 이를 공고하여야 한다.

제130조 ① 국회는 헌법개정안이 공고된 날로부터 60일 이내에 의결하여야 하며, 국회의 의결은 재적의원 3분의 2 이상의 찬성을 얻어야 한다.
② 헌법개정안은 국회가 의결한 후 30일 이내에 국민투표에 붙여 국회의원선거권자 과반수의 투표와 투표자 과반수의 찬성을 얻어야 한다.
③ 헌법개정안이 제2항의 찬성을 얻은 때에는 헌법개정은 확정되며, 대통령은 즉시 이를 공포하여야 한다.

부칙 _ 〈제10호, 1987. 10. 29.〉

제1조 이 헌법은 1988년 2월 25일부터 시행한다. 다만, 이 헌법을 시행하기 위하여 필요한 법률의 제정·개정과 이 헌법에 의한 대통령 및 국회의원의 선거 기타 이 헌법시행에 관한 준비는 이 헌법시행 전에 할 수 있다.

제2조 ① 이 헌법에 의한 최초의 대통령선거는 이 헌법시행일 40일 전까지 실시한다.
② 이 헌법에 의한 최초의 대통령의 임기는 이 헌법시행일로부터 개시한다.

제3조 ① 이 헌법에 의한 최초의 국회의원선거는 이 헌법공포일로부터 6월 이내에 실시하며, 이 헌법에 의하여 선출된 최초의 국회의원의 임기는 국회의원선거후 이 헌법에 의한 국회의 최초의 집회일로부터 개시한다.
② 이 헌법공포 당시의 국회의원의 임기는 제1항에 의한 국회의 최초의 집회일 전일까지로 한다.

제4조 ① 이 헌법시행 당시의 공무원과 정부가 임명한 기업체의 임원은 이 헌법에 의하여 임명된 것으로 본다. 다만, 이 헌법에 의하여 선임방법이나 임명권자가 변경된 공무원과 대법원장 및 감사원장은 이 헌법에 의하여 후임자가 선임될 때까지 그 직무를 행하며, 이 경우 전임자인 공무원의 임기는 후임자가 선임되는 전일까지로 한다.
② 이 헌법시행 당시의 대법원장과 대법원판사가 아닌 법관은 제1항 단서의 규정에 불구하고 이 헌법에 의하여 임명된 것으로 본다.
③ 이 헌법중 공무원의 임기 또는 중임제한에 관한 규정은 이 헌법에 의하여 그 공무원이 최초로 선출 또는 임명된 때로부터 적용한다.

제5조 이 헌법시행 당시의 법령과 조약은 이 헌법에 위배되지 아니하는 한 그 효력을 지속한다.

제6조 이 헌법시행 당시에 이 헌법에 의하여 새로 설치될 기관의 권한에 속하는 직무를 행하고 있는 기관은 이 헌법에 의하여 새로운 기관이 설치될 때까지 존속하며 그 직무를 행한다.

저자 김 종 일

| 학력 |
한양대학교 법과대학 법학과 졸업
한양대학교 대학원 법학과 졸업(법학박사)

| 경력 |
오산대학교 경찰행정학과 조교수(현)
한국헌법학회 부회장(현)
한국법정책학회 홍보이사(현)
국가인권위원회 인권강사(현)
서울시교육청 성인권 시민조사관(현)

법무부 사무관(전)
경기도교육청 사무관(전)
경기도 시민감사관(전)
한국공법학회 홍보이사(전)
서울시교육청 5급 승진 이수자격시험 출제위원(전)

| 저서 |
헌법의 기초(도서출판 훈민정음, 2018)
통치구조론(도서출판 훈민정음, 2017)
신법학개론(공저, 피앤씨미디어, 2017)

김종일의 알기쉬운 헌법수업 1교시

발행일	2022년 9월 5일
저 자	김종일
발행인	최재준
발행처	훈민정음
주 소	서울 관악구 미성동 744-23 103호
대표전화	T. 010-6227-3154 F. 02-6442-3157
다음카페	도서출판 훈민정음 http://cafe.daum.net/neilmore2
이메일	neilmore@hanmail.net
정 가	17,000원
ISBN	979-11-90085-56-4 [93360]

이 책의 무단전재 또는 복제행위는 저작권법 제136조 제1항에 의거 5년 이하의 징역 또는 5천만원 이하의 벌금에 처하게 됩니다.